东北师范大学青年学者出版基金资助
东北师范大学政法学院出版基金资助
中央高校基本科研业务费专项资金资助（13QN050）

Xingzheng Lunli Shiyuxia Difang
Zhengfu Chuangxin Yanjiu

行政伦理视域下地方政府创新研究

钟哲 著

人 民 出 版 社

目　录

绪　论

随着行政环境的不断变化,政府自产生以来就始终处于持续的发展变革之中。尤其是 19 世纪末行政学诞生以来,政府发展的理论与实践的前行脉络愈发清晰起来,"传统公共行政""新公共行政""新公共管理""新公共服务""治理"与"善治"等一系列次第展开的改革运动共同描绘出了政府的发展轨迹。正如弗雷德里克森(H. George Frederickson)所指出的,"变革"一词是对 20 世纪末至 21 世纪初公共管理发展特征的最贴切的概括[1],"重塑、再造等词语成为描述政府发展状况的最常用词汇,政府创新获得了世界各国政府的普遍关注和高度重视"[2]。

"政府创新就是探索政府行政的新方法、新模式以适应新环境变化和新现实的挑战。"[3]"政府创新首先是一种改革,包括行政管理体制、行政机构和行政程序的改革,他是政治体制改革的重要内容。"[4]从现实层面来考量,当前的政府改革多以创新的形式来展开。从两者的关系来看,"政府改革是以宏观的制度变迁为目的,旨在推动行政体系的整体变革;政府创新则是从微观着手,旨在对于业已存在的结构性框架进行进一步的修改和完善。改革

---

① Frederickson, H. G, Introduction, In: Frederickson, H. G. andJ. M. Johnston eds. ," Public Management Reform and Innovation:Research,Theory and Application", Tuscaloosa:University of Alabama Press,1999,pp. 1 – 10.

② 吴建南等:《中国地方政府创新的动因、特征与绩效——基于"中国地方政府创新奖"的多案例文本分析》,《管理世界》2007 年第 3 期。

③ 刘靖华:《政府创新》,中国社会科学出版社 2002 年版,第 1 页。

④ 俞可平:《中国地方政府创新案例研究报告(2007—2008)》,北京大学出版社 2009 年版,第 1 页。

是创新的前行方向,创新是改革的重要方式"。① 政府创新不仅直接关系到行政效率和执行力,也从根本上关系到经济发展、政治民主和社会稳定,因此为各国政府所重视,成为了世界范围内政治发展的一种普遍趋势。

国际层面,联合国一直致力于倡导和推进政府创新或政府再造。自1999 年"全球政府创新论坛"在美国华盛顿召开以来,目前已经成功召开了多届大会,分别讨论了"21 世纪政府战略""21 世纪的民主政府和治理""通过电子政府来促成民主与发展"、"公民、企业和政府:为实现民主与发展的对话和合作"、"21 世纪的政府创新和政府质量""走向参与式透明治理"和"提高政府公信力"等话题,并指出"随着一些国家的公共和私人部门所发生的深刻变化,政府迫切需要转变其行为方式,以适应这些国家的、地区的和全球层面上的变化。政府必须适应全球化带来的新环境和信息技术革命,为经济和社会发展带来的各种挑战。因此,许多国家的政府都在不断地进行改革和创新。这些创新必须以更加透明、更多参与和回应的方式服务于民众的需要。"②

回眸国内,自十一届三中全会召开至今,在"改革开放"这一基本国策的指引下,一场前所未有的政府再造运动逐渐拉开帷幕,"从政府改革的角度来看,改革开放的过程,也是我国政府管理体制改革和创新的过程"③。相较于注重制度整体变迁的改革,着眼于微观调整的"创新"更加符合我国的政治发展现状。特别是在 2002 年中国共产党党的十六届代表大会召开以来的最近十余年中,以决策者对创新重要性的强调和重视为契机,创新成为了我国政府变革的主要方式、手段与价值目标,政府创新开始在各级政府中广泛开展起来。

相对而言,在政府创新过程中,中央政府是最具有优势的主体角色。这种优势源于政府权力结构所决定的中央政府的权力中心地位。如果某项创

---

① 李莹,孔祥利:《政府改革与政府创新——从另一种角度看中国行政改革的逻辑进程》,《中国行政管理》2009 年第 1 期。

② 冉冉:《参与式透明治理:从第六届全球政府创新论坛透视全球政府创新的主要趋势》,《经济社会体制比较》2005 年第 6 期。

③ 俞可平:《中国地方政府创新案例研究报告(2007—2008)》,北京大学出版社2009 年版,第 1 页。

新能够得到来自中央政府的支持并由其亲自推广实施,那么在政府系统内部其合法性和权威性就得到了最高层级的保障。但是中央政府如果贸然对政治体制和行政体制领域实施大规模创新,那么"牵一发而动全身"的连锁反应往往会对政治格局和社会生活秩序产生不可预测的影响。所以中央政府对于本层级的政府创新多持审慎的态度。在这种现实状况下,中国的政府创新实践多遵循"微观先行"的政治发展逻辑,地方政府成为了政府创新的"第一推动集团"。从近年来的创新试点的现实效果来考量,"地方政府创新这一依照渐进式的改革路径和微观改革先行的变革逻辑而展开的改革实践确实可以极大地激发制度存量中的潜能,整合现有的治理资源,缓解传统治理模式的危机"[1]。藉此,各地区各层级的地方政府纷纷开展实践探索,"希冀通过"创新"的方式来应对传统压力型体制逐渐边缘化过程中出现的危机"[2],地方政府创新的浪潮逐渐席卷全国。

但从实践层面上来看,"无论在何种政治体制下,政府创新都不是一件容易的事情"。[3] 随着地方政府创新的不断推广深化,创新过程中的问题也逐渐显现出来。作为一项推陈出新的微观改革活动,地方政府创新时刻面对着来源于官僚体系内部、政治环境和外部社会环境的阻碍。在其影响下,地方政府创新面临着"责任认定方面、范式更新方面、结构传统方面、推广沿袭方面和动力保持方面"[4]的重重困境。而在我国的地方政府创新实践中,"推动力不足"、"持续性不高"和"受益者偏移"是目前最为显著的阻力和障碍。

推动力不足的创新困境是指地方政府作为创新主体缺乏主动发起创新

① 陈国权、黄振威:《地方政府创新研究的热点主题与理论前瞻》,《浙江大学学报(人文社会科学版)》2010 年第 4 期。

② 陈家刚:《地方政府创新与治理变迁——中国地方政府创新案例的比较研究》,《公共管理学报》2004 第 11 期。

③ 俞可平:《中美两国政府创新之比较》,《学术月刊》2012 年第 3 期。

④ Alan Altshuler and Robert Behn, "The Dilemmas of Innovation in American Government", in Alan A. ALTshuler and Robert D. Behn(ed):Innovation in Amercan Government:Ghallenges,Opportunities,and Dilemmas. Brookings,1997,pp. 3 - 38,转引自俞可平:《中美两国政府创新之比较》,《学术月刊》2012 年第 3 期。

活动的意愿的现象。从现实层面来考量,来自于上级政府的政策指示和来自于社会民众的现实诉求是推动地方政府创新开展的双重动力,但是相较而言,地方政府在更多的情况下更倾向于依照"上级领导者"的指示自上而下地推动创新进程①,而缺乏对于民众现实诉求进行有效回应的意愿。因此,在相当多的情况下基层地方政府仅因其直面问题的"基层地位"而无奈地被动充当着创新政策的"执行者"而非"创造者",基层地方政府处于"新"并非"地方"所创的尴尬境遇②,地方政府多满足于以回应上级政府创新要求的方式被动地展开创新活动,由民众诉求所发端的创新现象较为鲜见。

持续性不高的创新困境是指地方政府的创新活动难以持续的现象,"中途夭折","人走政息"是其最明显的表征。有学者的研究指出,即便曾获得地方政府创新奖的项目,亦有差不多三分之一已经名存实亡了③。学界通常认为,地方政府创新缺乏"制度保障"——即创新缺乏具有弹性的制度空间和未能及时将创新经验进行制度化,是造成这一困境的重要原因。

受益者偏移的创新困境是指在地方政府自利性的影响下,原本的"民众(首位)——创新者(次位)"的受益者结构逐渐为"创新者(首位)——强势群体(次位)——其他民众(末位)"结构所取代,创新成果很难惠及"社会中不确定的民众","民众"作为一个整体性概念失去了创新第一受益人的位置的现象。这一困境是由于地方政府在不合理自利性的推动下对于自身利益的最大化追求所造成的。在这种情况下,创新往往沦为地方政府与利益集团谋利的途径和工具,不仅不能解决现实问题,还有可能加剧甚至引发新的社会矛盾。

一般而言,地方政府创新需要得到来自于内外部的双重支持才能够顺利开展。其中,内部的支持是指创新主体的创新意愿和创新能力,外部支持

---

① 陈雪莲、杨雪冬:《地方政府创新的驱动模式——地方政府干部视角的考察》,《公共管理学报》2009 年第 7 期。

② 这里的非"地方"所创包含有两种含义:首先,在创新主体方面,具体的创新方案是由"上级领导"而非基层"地方"政府所做出;其次,创新方案来源于其他地方政府的成功经验,并非本"地方"政府所制定。

③ 高新军:《地方政府创新缘何难以持续——以重庆市开县麻柳乡为例》,《中国改革》2008 年第 5 期。

是指创新所需的制度空间,当地的资源禀赋和经济发展状况。①

就当前地方政府创新的实践情况来考察,在微观先行的政治发展逻辑下,中央政府适当地放松了对于各级政府的严格规制,因此地方政府在一定程度上获得了创新所必需的弹性制度空间。而近年来社会主义市场经济的高速发展亦为地方政府提供了一定的经济基础来保障其创新活动的有效展开②。可以说,创新已经具备了初步的外部支持。上述的地方政府创新困境多源于地方政府内部,即创新主体的创新意愿和创新能力等方面,其中所隐含的是创新的价值选择过程中"正当性"的缺失。

因而究其成因来看,推动力不足的创新困境缘起于地方政府主观创新意愿的缺乏。基层地方政府并非不能创新,而是不愿创新。这种"不愿"指的是地方政府对于"主动承担起创新工作"的抵触,其实质是地方政府"为民服务,对民负责"的行政理念的缺失。

持续力不足的创新困境产生自地方政府有效运用"制度保障"能力的不足。这一现象表现在两个方面:首先地方政府缺乏一种标准来辨别现有的制度导向是否正确,以便充分地利用弹性制度空间;其次地方政府虽然有将创新制度化的意愿并勇于做出尝试,但很难从创新经验中甄别出可以上升为制度并固化下来的内容。产生这种困境的根源在于地方政府缺乏对于创新所形成的方案和原有的政治秩序进行的审视和评价的有效标准,特别是缺乏"应对制度中所蕴涵的合伦理性进行考察"的理念和认识。

受益者偏移的创新困境则生发于地方政府行政实践中"公共性"导向的缺失。在"自利性"压倒"公共性"的情况下,创新受益者次序结构发生了重大变化,创新者和强势群体成为了创新的优先享受者,创新成果很难惠及"社会中不确定的民众","民众"作为一个整体性概念失去了创新第一受益人的位置。地方政府在创新过程中背离"公共性"导向,创新过程缺乏以"公平正义"为内核的指导精神是这种困境产生的根源所在。

---

① 杨雪冬:《简论中国地方政府创新研究的十个问题》,《公共管理学报》2011 年第 1 期。

② 当然,这种经济基础和资源禀赋还是依地方而异的,但是就当前状况而言,创新所需的最基本经济条件已经初步具备。

在政府创新产生伊始，其本身就带有了积极与正面的意蕴。正如俞可平教授所述，"政府创新就是公共权力机关为了提高行政效率和增进公共利益而进行的创造性改革"①，政府创新本身即应该存在有一种先在的正当性。但是在实践层级，"政府创新的正当性并不能替代政府创新的价值选择的正当性"②，应该说，政府创新的正当性正是由创新过程中价值选择的正当性来展现和保障的。上述地方政府创新困境即是在"对上负责 VS 对民负责""照规章办事 VS 依民意改'制'"和"自利最大化 VS 公益优先"等一系列价值选择过程中所产生的，价值选择过程中的"正当性"的缺失是造成创新困境的诱因所在。在这种情境下，保障政府创新过程中价值选择的正当性成为了解决地方政府创新困境，确保地方政府创新顺利前行的根本途径。

正如上文中所述，以"民主、法治、责任、服务、质量、效益、专业、透明和廉政"③为代表的创新基本价值仅表现为一种价值标准的正当性，而如何落实这种标准，即达成价值选择的正当性的问题则更为具有现实意义。易言之，我们必须找到一种可以促使价值标准的正当性与价值选择的正当性有机结合起来的途径，来确保地方政府创新的有序展开。而无论是价值标准的界定，还是价值选择的过程，都是以创新主体自身的内在主观认知为基础展开的。在这一视角下，行政伦理这一内化于行政主体的价值观念模式和行为道德准则，成为了引导和规范创新主体价值选择的最重要途径，也藉此成为了地方政府创新正当性的重要保障。上文中所提及的民主、法治、责任等创新基本价值，唯有籍借行政伦理的导引和规范方能真正地内化于创新主体之中，作用于创新价值选择过程，切实地在地方政府创新之中得以实现。

作为一种行政主体及其行政行为所应遵循的伦理准则，行政伦理通过内化的方式引导着行政主体的动向，规范着行政主体的行为。伦理本身即带有"善"的价值向度，其内化的作用方式又为其提供了效用保障。"正当

---

① 俞可平：《民主与陀螺》，北京大学出版社2006年版，第107页。

② 陈红太：《中国地方政府创新的理论和实证研究报告集》，吉林人民出版社2011年版，第7页。

③ 俞可平：《民主与陀螺》，北京大学出版社2006年版，第111页。

性"本身即为一种价值层面的伦理诉求,"正当性"标准的界定即为一种伦理的审视过程,"正当性"对于创新价值选择的导向作用亦需要建立在行政主体对其的认同内化的基础上,"合伦理性"是"正当性"的内核所在。在这一意义上,"合伦理性"成为了地方政府创新所应具备的根本属性,行政伦理成为了审视地方政府创新的重要视角。具体而言,厘清政府与民众、上级政府与下级政府之间的伦理关系是保证地方政府创新的前进方向,界定地方政府创新的"正当性"标准的前提和基础;对地方政府创新过程中所存在的现实困境加以伦理视角的分析和审视是真正地理解创新困境出现的深层原因,构建根本性解决方案的重要保障。这也是本文从行政伦理的视角来对地方政府创新进行分析和研究的原因所在。

"地方政府创新"作为现阶段政府管理体制改革的重要途径,不仅仅是一种行政活动,从本质上而言更是一种伦理活动。在这一意义上,以伦理精神审视政府的行政行为以及创新实践,对政府的创新困境进行伦理救治,是一种全新且可行的思路。以行政伦理为视角,对地方政府创新进行深入讨论,有助于我们真切地理解地方政府创新的价值、目标和原则的根源;亦可以指明通过内部力量确保政府创新的价值与目标实现的途径,对地方政府创新有着现实的指导意义。

有籍于此,本书选择从伦理视角对于地方政府创新以及其所面对的困境进行深入研究,以地方政府创新的理论与实践的现状梳理为基础,从地方政府创新的整体性伦理审视入手,分析创新困境背后所隐含的伦理缺失,并为地方政府创新困境的解决提供伦理路径,以期推进地方政府创新的顺利前行。

第一章　行政伦理与地方政府创新的基本理论概述

一、行政伦理的内涵解读

（一）行政伦理的内涵

1. 伦理

（1）中国文化中对伦理的解读

从词源学上来考量,作为个体字的"伦""理"早在春秋战国时期便已出现在《尚书》和《诗经》等典籍之中。依照《说文解字》中的解释,"伦,从人,仑声,辈也,明道也",这里所说的"辈",原意是指车的排列次序,引申至人际关系中则指代辈分和顺序。因此,"伦"所蕴含的是人际关系中的群,类和顺序。"理"所表示的是依照玉石的纹路对其进行加工,后逐渐被赋予了形容事物内在的机理、规律、准则或秩序的含义。同样依照《说文解字》里的解释,"理,从玉,里声,治玉也","理"所指代的是对于玉的细致加工,其含义后逐渐引申为原则与规范。

将"伦""理"结合为一个概念来使用的先例最早见于《礼记》,"凡音者,生于人心者也。乐者,通伦理者",这里的"伦理"指代的是事务的条理和规则。后伦理逐渐转变为专门用于形容人伦关系的用语,"伦理指的是人际关系事实如何的规律及其应该如何的规范"[①]。

---

　　① 　王海明:《伦理学原理》,北京大学出版社 2001 年版,第 80 页。

（2）西方语境下的伦理意蕴

作为英文中表示"伦理"含义的"ethic"一词发端于希腊文中的"ethos"，其本意原为人群所共同所在的地方，后逐渐开始带有风俗与习惯的含义。古希腊先贤亚里士多德是伦理学的创始者，其对伦理学的理解即是建立在风俗的基础上的，在他看来，风俗习惯的熏陶即为伦理德性产生的根源所在①。因此，在西方语境下，伦理最本初的含义即为"风俗、习惯以及在其基础上所形成的（带有区域性的）品格或气质"②。后经时间的不断推移，伦理的内涵得到了不断的扩充，"作为考察人类行为是非善恶的主要表现的外在风俗习惯和内在品质气质，构成了西方文化中伦理的内涵"③。

通过以上的简要对比，不难看出，虽然在表述方面和内涵上存在一定的差异，但中西双方均认可伦理的"价值评判意义"，是一种对于个体的社会关系的应然性认识。在此基础上，本文认为，"伦理"指的是处理人际关系（或社会关系）时所应该遵守的相关准则或道理。

（3）伦理与道德

"伦理"与"道德"是一对联系相当紧密的概念。在生活中，伦理和道德经常连用或相互通用，但是在学理视角的审视下，两者之间是一种交错但不完全重合的关系。因此，虽然学界存在"'伦理'和'道德'具有相同性……伦理现象可以称为道德现象，道德行为也可以称为伦理行为"，"两者的不同仅在于伦理作用于个人，而道德作用于社会"④的观点，但是深入地探析两者间的区别与联系无疑将更加有助于本文研究的展开。

在伦理学发端初期，亚里士多德就曾对"伦理"和"道德"做过较为简略的区分，这种区分同样也是建立在对于两者作用域的比较之上的。亚氏所指的"道德是个人修行以及与个体幸福相关的问题，伦理则往往与一定的关系——特别是政治关系相关"⑤，其并未对伦理和道德间的区别和联系加以

---

① ［古希腊］亚里士多德：《尼各马可伦理学》，苗力田译，中国社会科学出版社1990年版，第25页。

② 高晓红：《政府伦理研究》，中国社会科学出版社2008年版，第14页。

③ 樊浩：《中国伦理精神的历史建构》，江苏人民出版社1992年版，第21页。

④ 魏金敏、金可溪：《伦理学简明教程》，北京大学出版社1984年版，第4页。

⑤ 参见李沫：《公共伦理视角下我国服务型政府的解析及构建》，吉林大学博士论文，2007年。

充分说明。

真正触及这一问题,并对其进行深入剖析的首位学者当属黑格尔。黑格尔在其知名著作《法哲学原理》中对"伦理"和"道德"进行了严格的区分。黑格尔认为,作为"自由意志的定在","法"必须经由"抽象法、道德和伦理"三个阶段方能达成,而上述三者都是自由意志的特殊性体现方式。"抽象法"是客观的外在法,法中所蕴含的自由意志必须借由外物方可能得以实现;"道德"是主观内在法,是自由意志在内心中的实现;而"伦理"则代表了自由意志通过外物和内心所获得的双重实现。"(抽象)法缺乏主观性环节,道德则仅有主观性环节,所以(抽象)法和道德都缺乏现实性,唯有伦理才能为自由意志提供承担者和基础。"①在此意义上,黑格尔将伦理视作为主观善和客观善的统一,自由意志发展的最高阶段。

在此基础上,我们可以较为清晰地辨别出"伦理"与"道德"的区别所在:其一,两者的作用域不同。"道德"无涉"人际"关系,主要以个体的行为为作用客体;而"伦理"则是作为协调个体社会关系的行为准则而存在的。换言之,"伦理所讨论的是人与人之间的关系,道德则更致力于研究人与理之间的关系"②。其二,两者对于个体行为调节的路径不同。"伦理"拥有更多的评判主体,可以通过外在和他律③的方式来约束个体的行为,而"道德"则只能通过内在自律的方式来对个体自身的行为进行规范。

当然,"伦理"与"道德"之间亦有着紧密的联系:第一,"道德"以"伦理"为构建基础。"道德"是"伦理关系"在个体层级的具体化,是"人际交往间应有的关系"在个体上的彰显。当个体脱离社会关系而单独存在时,"道德"亦将随着"伦理关系"的消失而不复存在。第二,"伦理"以"道德"为表现形式。"伦理"的本质是一种应然态的社会关系。这种应然性的关系需要通过"道德"这一载体方能真正实现。在个体层级上,"道德"就是对"伦理"的获

---

① [德]黑格尔:《法哲学原理》,范扬、张企泰译,商务印书馆1961年版,第161—162页。

② 参见高晓红:《政府伦理研究》,中国社会科学出版社2008年版,第22—23页。

③ 这种"外在和他律"并不一定是由强制力的法律制度所提供,舆论或者风俗的影响亦属于他律之列。

得。"伦理"需要依托"道德"对于个体的内化规范来确保人际交往间应然关系的顺利达成。

综上所述,"伦理"指的是处理人际关系(或社会关系)时所应该遵守的相关准则或道理。"道德"则是指个体的行为符合规则且能为自己或他人带来收益。"伦理"与"道德"间是一种既区别又联系的辩证统一的关系,虽然在某些语境下两者可以通用,但是在严肃的学术研究中应对其加以严格区分。

2. 行政伦理

承上文所述,作为一种处理人际关系(或社会关系)时所应该遵守的准则或道理,伦理是与"人"有着密不可分的关联。当个体"人"借由各种途径完成社会化历程的同时,其必然地与社会中其他个体或者组织产生一定的交往和联系,伦理关系即在这种社会化的过程中一并产生。可以说"有了人群,也就有了相应存在的伦理关系,只要一个人的行为对他人造成影响,就存在是否道德的问题"[1],普遍性是伦理的首要特征。

一般而言,行政伦理即是指行政行为中的伦理。正如张康之教授所指出,"有了人群,也就有了相应存在的伦理关系",这一观点生动地阐述了个体伦理关系的获得方式——"个体融入并定位于群体中",同样的,当某一群体以某项特定的社会职业分工固化下来,并依托其行为与社会中的其他个体或群体发生联系时,伦理关系同样出现群体间的互动中,这也是群体(抑或是职业)伦理关系的生成路径——"群体固化并定位于社会中"。在这一逻辑下,行政伦理本身就蕴含着两个层次的意蕴,即公职人员在行政系统内行为的伦理规范,以及行政组织通过公共政策进行公务活动过程中所应树立和遵循的伦理准则。[2]

(1)作为公职人员个体伦理的行政伦理观

在静态的视角下,行政行为可以被视为公职人员对公共事务的管理活

---

① 张康之:《公共管理中的伦理关系》,《中国人民大学学报》2003 年第 2 期。

② 此部分论述参见何颖:《行政伦理与社会公正》,吉林大学出版社 2009 年版,第 3—5 页。

动。在这一过程中,行政行为的主体是个体的公职人员,行政活动中最为核心的计划、组织、控制、协调、指挥、监督、反馈等工作最终都将由具体的公职人员来实施落实。因此,公职人员个体的行为将极大地影响到行政行为的效率及走向,规范公职人员个体行为的职业伦理被等同视为行政伦理本身,公职人员个体在行政事务中所应遵循的伦理理念、行为和规范的总和构成了行政伦理的全部内容。

(2)作为行政组织或系统伦理的行政伦理观

在动态的视角下,行政行为可以被理解为行政组织或系统依法对公共事务的管理活动。在这一过程中,行政行为的主体是行政组织或系统。相较于将公职人员职业伦理直接视为行政伦理本身的观点,这种理解更加倾向于从行政过程的角度来解读行政伦理的内涵,认为行政伦理应更多地被理解为行政组织或系统在整体行政过程中所应遵守的法律道德与伦理准则的总和,"行政伦理是公共行政人员在确定涉及政策标准等问题时所依照的道德标准和公共行政者在做出决策时所负有责任的一个过程"[①]。

不难看出,以上两种观点均有所侧重,也都有其立论的合理性。总的来看,"职业伦理"说深切地把握了公职人员在行政行为中的基础地位,但过分强调公职人员主体地位的思路却极易忽视组织与制度伦理的重要作用;相对而言,"组织伦理"说将行政行为视为一个整体性过程加以伦理审视的观点更加澄明,但其本身观点的确立缺少一个符合学理要求的立足点,尚未获得伦理价值合法性基础的行政过程却可能直接成为行政伦理产生的源泉,单纯的法律合法性内涵无法真切地凸显行政伦理的真正意蕴。因此,以上两种观点的价值更多地体现在为我们指明行政伦理主体的多元性方面,我们还需要寻找其中的共性来真正地阐明行政与伦理的契合之处。

在这种情况下,对于行政伦理的界定回到了对于其作用客体的"关系"的追寻方面。正如上文中对于伦理的界定过程中所提及的,伦理是处理人际关系(或社会关系)时所应该遵守的相关准则或道理,作用于行政领域的伦理则应是行政主体处理行政关系时所应秉承的准则和规范。这种行政关

---

① 戴木才、曾敏:《西方行政伦理研究的兴起》,《中共中央党校学报》2003 年第 5 期。

系的实质即为特定的"权利义务关系",行政伦理即为行政主体在辨明其权利义务关系时所应遵守的标准和规范。在"公共性"的影响下,公共利益的维护和增益应是行政行为的首要目标。因此,行政伦理即为确保行政主体行为公益导向,正确处理权利义务关系的内部保障。在这一意义上,行政伦理应存在与行政行为的整个过程之中,其作用域既包括行政主体——即公职人员与行政组织或系统的行政行为和过程,同样也包括作为行政行为载体的公共政策的产生、执行和反馈的全部历程。由此可见,作为一种规范行政行为公益导向的权力义务关系调整标准,行政伦理应是贯穿于行政活动全过程的行为准则,其包含了公职人员个体伦理、行政组织或系统伦理和公共政策伦理等多方面的内容。

借由以上的分析,本文尝试性地将行政伦理界定为行政活动主体及其行政行为所应遵循的伦理准则。具体而言,行政伦理是公职人员及行政组织(或系统)在以公共政策为载体的行政活动过程中所应该遵循的价值观念模式和行为道德规范的总和。

(二)行政伦理的特征

正如张康之教授所总结,"伦理关系普遍存在于人类社会的一切生活领域"①。行政伦理即为作用于公共行政领域中的伦理规范,因此亦被称为公共行政伦理。在众多的伦理范畴中,存在着与行政伦理较为相似、相近,或极易与其相混淆的伦理规范。我们可以通过对于伦理间的对比来深入地把握行政伦理自身的特征所在。

1. 范围的特定性

作用范围的不同是将各个伦理关系区别开来的最直观标准。我们在下文中所要提及的管理伦理、经济伦理和公共管理伦理,以及行政伦理本身都是依照着不同的作用域所命名的。从一般意义上来看,广义的"伦理"是一种不具备排他性的基本规范,是全体社会成员所共同遵循的共识性行为道德准则,其目的在于维护公共生活秩序,因此亦称为公共伦理。可以说,公

---

① 张康之:《公共管理中的伦理关系》,《中国人民大学学报》2003 年第 2 期。

共伦理诞生于人们交往过程之中互动和博弈,是社会或群体成员为了保证自身利益不受或者少受损失而形成的最基本的行为道德标准。相较而言,行政伦理则仅以行政行为主体的管理行为、组织或系统间的权力运行关系,管理所依据的制度和管理所运用的政策为作用对象。易言之,行政伦理仅视行政活动过程中的"管理者"与"管理过程"为其规范客体,并不对作为管理对象的公民个体、社会群体所持有的道德行为进行约束和规范。正是这种作用范围的特定性将行政伦理同广义上的伦理——即公共伦理区别开来。

2. 观念的公共性

正如上文所述,行政伦理作用的范围相对较为集中,仅对"管理者"与"管理过程"会进行规范。作为一项具有广泛性的活动,"管理"存在于社会的各个方面。其自身也存在有共性的伦理规范体系。这种伦理规范体系是作用于所有的管理活动中的,亦有学者称其为"一般意义上的管理伦理"[1]。很明显,此种命名方式源于法约尔所总结的"一般管理理论",其意蕴在于凸显"管理伦理"对于各种管理活动的普适性。具体而言,管理伦理将管理视为一种具有共性的行业和专业,这一行业或专业的从业者道德水平和业务实现过程中的伦理因素是其所着意规范的对象。简言之,"管理伦理是对管理活动和管理现象的伦理认识和道德反思……其表现为对于管理的人性假设、本质、目标、控制手段等要素所进行的伦理省察和规范"[2]。诚然,管理伦理确实具备一定的普遍性,可以说其考察对象基本上涵盖了管理活动的整个过程。但是相对而言,管理伦理更加倾向于对于"管理"本身内涵的追寻,其对"管理"的认识基本上是基于"科学"这一视角的,因此其更加注重的是对于管理活动的专业化和专门化方向上的挖掘[3]。因此,当"管理"所依存公共领域基于现代性而开始产生分化的情况下,行政伦理、企业伦理等分属不同领域的伦理派别开始从管理伦理中分化出来。单就行政伦理而言,作为

---

① 万俊人主编:《现代公共管理导论》,人民出版社 2008 年版,第 14 页。

② 汤正华:《中西管理伦理比较研究》,南京理工大学研究生学位论文,2005 年。

③ 参见万俊人主编:《现代公共管理导论》,人民出版社 2008 年版,第 14 页。

其作用域的"行政管理行为"本身带有的先在性的"公共性"属性决定了其所承载的伦理关注方向的广域性,作为行政行为客体的公民与社会群体的伦理偏好均位列行政伦理的考察范围之中。以"公共性"为指导观念的行政伦理所关注的是对整个社会进行影响的行政管理过程和管理者的伦理问题。正是这种指导观念的公共性将行政伦理与一般意义上的管理伦理区分开来。

3. 作用机理的非交换性和非营利性

作为一种对于个体具有规范作用的准则,伦理本身也需有一定的合法性基础作为支撑。正如上文所述,伦理生成于人们交往过程中的互动和博弈,其合法性来源于一种共识。而在不同的领域,这种共识有着不同的出发点和考量标准,不同的作用机理是使各种伦理关系相互之间区别开来并在各自的作用领域获得合法性基础的内核所在。在市场经济的蓬勃发展过程中,经济伦理是社会生活中较为常见的伦理关系。经济伦理主要作用于经济活动中,究其产生原因来看,在经济领域中,经济活动的展开往往并不需要固定的参与群体和稳定的联系作为支撑,其更多地凸显出一种带有竞争性的色彩,每一次经济行为都会因参与者利益的变化而展现出不同的特征,故需要一种相互认可的共识来保证经济活动的正常展开。在这种情况下,为了保证自身的利益不受侵害,经济活动的参与者达成了"平等交换,获取利润"的共识。于是,在经济活动中,只要参与者均遵循平等交换的原则,则交易活动即被视为合理的,且具有合法性的。"交换性"和"营利性"即为经济伦理的作用机理和合法性基础。而从行政伦理的角度来考量,行政伦理本身具有固定的参与群体和稳定的联系作为其客观基础,"'服务意向'是其所固有的先在性作用机理"①因此,无须再为其构建额外的共识来获取伦理的合法性。如若贸然地将产生于私域的"交换性"和"营利性"引入作用于公域的行政伦理关系中,必然会产生伦理失范的现象,"交换原则的确立将会直接引发大规模的'权力寻租'现象……以营利性为伦理目标的行政管理主体则将不可避免地运用自己所拥有的公共权力和公共资源侵占其他市场经

---

① 张康之:《论公共管理伦理关系的特性》,《江海学刊》2001 年第 1 期。

济主体活动空间,破坏市场经济秩序,以谋求个人或者组织利益的最大化"①。行政伦理发挥作用的机理在于其对"公共利益"的维护和增进方面,"总体上看,公共(行政)管理是一个不鼓励不推广交换的领域,甚至可以说是一个拒绝交换的领域"②,借由交换过程获得利润的行为更不应为其所接受。行政伦理关系作用机理上的非交换性和非营利性将其同经济伦理明确地区分开来。

4. 主体的专门性

随着社会的不断发展,公共事务的管理模式——即社会治理模式也在发生着不断的变化。从发展历程来考察,社会治理模式经过了统治型和管理型的阶段后,正在向公共管理型模式迈进。在这种情况下,对于公共事务的管理方式经历着由行政管理向公共管理转向的过程。因此,以张康之教授为代表的学界诸多学者主张以"公共管理伦理"这一提法涵盖"行政伦理"这一传统表述方式,用以描述在公共管理型社会治理模式中存在的伦理关系。

本文认为,这种观点确实是在梳理了公共行政发展的历史脉络的基础上所提出的指向性总结。但是相对而言,学界中主张以公共管理伦理取代行政伦理的观点是对上述总结的曲解。公共管理伦理无疑是一种建立在对于社会治理模式的整体性认识基础上的总括式概念,而行政伦理本身的作用域并没有因为社会治理模式的更新而产生质的变化,因此,其本身依旧是客观存于行政活动之中的。公共管理区别于公共行政的最显著特点即在于其管理主体的多元性方面,除传统意义上的"政府"之外,公民、社会群体或组织都可以视为公共管理的主体。因此,公共管理的伦理关系亦可以在大致上分为两类:"对于社会公共管理组织中的公共管理主体而言,这种伦理关系正在生成……(这种伦理关系)应是以伦理精神为主导,以法律为支持的新型伦理关系;对于政府及其公职人员等的公共管理主体而言,这种伦理关系基本上是作为行政伦理关系存在的"③。由此可见,行政伦理和公共

---

① 参见李沫:《公共伦理视角下我国服务型政府的解析及构建》,吉林大学研究生学位论文,2007 年。

② 张康之:《论公共管理中的伦理关系》,《中国人民大学学报》2003 年第 2 期。

③ 张康之:《论公共管理中的伦理关系》,《中国人民大学学报》2003 年第 2 期。

管理伦理间虽然有着紧密的联系,但是两者间依旧有着较大区别。行政伦理依旧依靠其作用主体的专门性将自身与公共管理伦理区分开来。因此,虽然公共管理伦理将行政伦理视为其组成部分,但是行政伦理依旧保持着其独立地位,并在我国社会组织发展尚不完善的现实情境下担负着对"社会治理过程进行伦理规范"的主要责任,在行政活动中发挥着重要作用。

(三)行政伦理的功能

正如我们在前文中所述,行政伦理属于一种"行为道德规范",对行政主体进行约束和规范是其本质属性和内在要求。同时,政府机关及公职人员在国家政治生活和社会关系中处于较为特殊的地位,由其作为主体所驱动的行政行为在"公共性"的作用下将会必然地影响社会的各个方面。基于此,有学者将行政伦理视为整个社会伦理体系的风向标,认为行政伦理对于整个社会和全体公民的道德进步有着重要的引导作用。① 因此,本文认为,虽然学界对于行政伦理的功能持有"中介、教育、激励、扩散、示范、凝聚"②等不同观点,但是总的来说看,"规范"和"导向"功能始终是行政伦理所承载的最为核心的功能所在。

1. 规范功能

通过上文中对于伦理概念的梳理和界定,不难发现,伦理本身即为一种调整个体之间关系的行为规范的总和。规范本身即指既定的、公开的且为大多数组织成员所认可的限制性要求。因此,行政伦理自然地具备了规范和约束主体行为的功能。这种规范功能是伦理的内在属性,并不会因为其作用域的不同而发生变化,因而行政伦理自然也担负着对行政主体的行为进行约束和规范的功能。这种规范功能主要通过社会控制和自我控制相结合的方式实现。

社会控制是一种他律路径,主要通过外在于行政主体的力量来实现对于行政行为的约束。具体而言,社会控制主要通过社会舆论和制度监督来

---

① 参见万俊人主编:《现代公共管理导论》,人民出版社 2008 年版,第 75 页。

② 夏书章:《行政管理学》(第四版),中山大学出版社 2003 年版,第 162 页。

发挥作用。作为一种外在于行政主体的社会力量,舆论对行政主体所形成的约束主要靠"荣辱感"来实现。"荣辱感"建立在社会承认和尊重的基础上,是一种精神层面的需求。"荣辱感"的满足是一种认同的过程,在行政领域中,这种认同的标准即为"行政伦理",认同的方式即为"舆论肯定"。而基于行政行为"合伦理性"而产生的舆论认可是公职人员"荣辱感"获得满足的重要途径,蕴含着行政伦理内核的社会舆论可以从外部有效地规范行政主体的行政行为。而制度对于行政主体的规范作用则更为直观一些。这里所提及的制度,是指包括法律、法规和行政规章等在内的一系列外在的文件类规定,其主要依靠制度本身所具备的强制力来发挥作用。当然,有学者指出制度和伦理本身并不能混为一谈,其作用机理完全不同。但是本文认为,伦理本身需要依靠制度的强制力来得以实施,而制度则需要依托其中的伦理精神来获得认可,两者间虽然形式不同,但是具有目的的一致性。行政伦理可以自然地借由制度化的途径来上升为法律、法规等成文的制度,进而对行政行为加以有效规范。

自我控制是行政伦理发挥规范作用的内部途径,也是伦理发挥作用的"理想"方式。所谓自我控制是指行政主体通过各种途径将行政伦理精神加以内化,以此为基础形成较为完善的行政良心和行政人格,并借此对其精神层面进行协调和控制,促使自身驱恶扬善,自发自觉地依据良善的内心信念而做出符合伦理精神的道德判断,使得行政行为得到有效规范。

进一步来考察,行政伦理对于行政行为的规范衍生了一系列的效用。如通过行政伦理的规范,行政行为所彰显出的"伦理价值"将有效地提升其合法性基础,行政主体及其行为的中的"德性"提供了"社会凝聚的基本条件"①。又如行政伦理中明确的规范性内容清晰地阐明了行政主体行为的具体准则,因此使得社会主体对于行政行为的评判成为了可能,进而从侧面提升了行政行为的有效性基础。

2. 导向功能

"伦理"本身即代表一种"应然"的状态。当某种伦理精神经由人们的协

---

① Emile Durkheim:*On Morality and Society*. The University of Chicago Press,1973,36.1.

商、交流和博弈而确定下来之后,其应然性的指导作用便开始发挥出来,不断地影响人们的风俗习惯和心理结构,成为人们价值追求的重要导向,伦理作为一种"感觉、思想、动机和意志,(构成了)'理想的蓝图'"①。

相对而言,行政伦理的导向功能要更为特殊一些。这种特殊性体现在其作用领域的公共性方面,这种公共性使得行政伦理不仅可以引导行政主体的具体行政行为,还决定了行政伦理可在社会伦理秩序的形成过程中发挥重要的导向作用。具体来看,作为一种"应当如何"的蓝图,行政伦理拥有强大的凝聚力和推动力,虽然行政伦理并非行政行为的直接指向的具体客观目标,但是其作为指导行政行为的主观价值"标的"的作用是毋庸置疑的。在行政伦理的定向作用下,行政主体才能将系统内的各种行政资源和力量集中到准确的方向上来,以巨大的精神力量推动行政伦理目标和实践要求的实现。此意义上的导向功能一般通过价值导向的引导,伦理原则的限定和伦理规范的规定来实现。同时,行政行为本身的"公共性"决定了行政主体处于相对特殊的地位上,这种特殊的作用使得其本身所遵循的伦理规范有着很大的"公权效应、扩散效应和示范效应"②。行政主体的行政伦理水准和风貌会在很大程度上影响社会和公民的伦理状况,而这种导向则是一种潜移默化的非显性影响过程。

二、地方政府创新的基本理论框架

(一)地方政府创新的内涵界定

1. 创新

一般认为,"创新"(innovation)这一概念是由美国知名经济学家约瑟夫·熊彼特(Joseph Alois Schumpeter)所提出,并加以理论阐释的。

---

① 《马克思恩格斯选集》第4卷,人民出版社1972年版,第228页。

② 沈士光:《公共行政伦理学导论》,上海人民出版社2008年版,第75页。

熊彼特在《经济发展理论》一书中首次提及了"创新"这一概念,而在其后的所发表的《商业循环》和《资本主义、社会主义与民主》等一系列著中进一步建构起了以"创新"为核心的独特理论体系。

熊彼特对于创新的构建发端于其对两组概念的区分,即"增长"与"发展"和"创新"与"创造"。熊彼特认为,"增长"指的是基于人口、财富的积累而造成的(经济)规模的扩大,而"发展"指的则是(经济)内部的突破与变化,在此基础上,他进一步区分了"创新"(innovation)与"创造"(invention)的不同,指出相对于"创造"这一观念或概念上的概括,"创新"更多地强调一种"实践性",创新的主体并非实验员或科学家,而应该是由企业家来担当,他更多地体现为一种运用于经济活动,并取得成效的"对于生产手段的新的组合"①。

政治学者和管理学者们在研究过程中大体上继续沿用了这一逻辑。如知名管理学家彼得·德鲁克将创新界定为"通过运用在社会管理过程中所创造衍生出的新的管理机构、方法和手段来在资源配置过程中获取更多的经济与社会价值",墨尔和阿舒勒等学者将创新的定义进一步细分,提出了创新的两种要素,即"崭新性"和"实践性"②。

在此基础上,本文认为,可以将创新界定为"主体对可以解决问题的新型方法、手段、措施或者制度的创造"。

2. 地方政府创新

作为一个复合的概念,"地方政府创新"包含着"地方""地方政府""政府创新"等不同的层级的意蕴,因此,要对地方政府创新做一个较为准确的界定,我们应该首先对上述概念域进行考察。

(1)地方和地方政府

地方是一个表述区域或者层级的概念,在与"政府"连用后,表示政府的级别。"地方政府"是作为与"中央政府"相对的概念而提出的。具体而言,依照我国宪法所规定,地方政府即是指"省、直辖市、县、市、市辖区、乡、民主

---

① Joseph Schumpeter, *Business Cycles*, NY:McGraw-Hill,1939.

② 转引自杨雪冬:《简论中国地方政府创新研究的十个问题》,《公共管理学报》2008 年第 1 期。

乡和镇"所设立的人民政府。

（2）政府创新与地方政府创新

简单地说,政府创新即为由"政府所发起的创新",那么,我们是否可以直接将政府创新界定为由"政府创造新的方法、手段、措施或者制度解决社会问题的过程"呢? 答案是否定的。

在对政府创新的概念加以界定之前,我们需要指出两点应着意考量的创新理念①:首先,横向对比中的"崭新性"并非政府创新中所着意考察的衡量标准。在创新方案针对所采用个体而言是崭新的,且取得了较好的成果,解决了现实的问题的情况下,其依旧可以被称为"政府创新"。就实践层面来考量,引入创新方案,并对其进行实用性改造——即"二次创新"亦是创新产生的重要途径。其次,政府创新和企业等经济组织创新的最根本区别在于对于效率顺位的思考方面。政府创新不等于单向度地追求降低政府运行成本和提高行政活动效率,无论何时,政府行政行为的首要任务均应为维护与提升公共利益。

本书认为,要在中国语境下认识和界定政府创新,则需要在此基础上再进一步地指出两点需要特别注意之处:首先,就创新主体而言,中国语境下所提及的政府创新并非仅由严格意义上的政府或者政府部门所发起。具体来看,在中国的政治生活中,(执政)党,国家(即一般意义上的政府)以及具有政治管理功能的社会组织(如政协、工会等)构成了广义上的政府部门,上述的广义政府部门发起的创新活动均可以被称为政府创新。其次,就创新领域来看,传统社会管理体制下的中国政府呈现出一种"全能"的特征。因此,我国所开展的政府创新活动并不一定具有国外政府创新经验中所展现出的"开拓新领域"的特征,政府退出不应由其管辖领域的举措也是创新的重要组成部分,"政府创新出现在三个领域,即退出现有的治理领域,改革现有的治理领域,开拓新的治理领域"②。

---

① 参见杨雪冬、陈雪莲:《政府创新与政治发展》,社会科学文献出版社 2011 年版,第 2 页。

② 杨雪冬:《简论中国地方政府创新研究的十个问题》,《公共管理学报》2008 年第 1 期。

基于此,我们尝试性地将(地方)政府创新①界定为(地方)政府或广义的政府部门以维护公共利益,完善自身运行,提高自身社会管理能力,促成政治、经济、文化与社会问题得到有效解决为目的所展开的创造性活动的总称。

(二)地方政府创新的理论基础

1. 作为经济学概念的"创新理论"

正如上文中所述,一般认为,"创新"这一概念是由美国知名经济学家约瑟夫·熊彼特所提出,并加以理论阐释的。

熊彼特借由《经济发展理论》(1912),《商业循环》(1939)以及《资本主义、社会主义与民主》等一系列著作提出,并建构起了以"创新"为核心的独特理论体系,并以此为出发点,突破了西方经济学原有的对于经济发展规律的认知模式②,将技术进步和制度变革作为提高生产力的重要推动因素,重新解读了经济发展的周期规律③,产生了较为深远的影响。

创新理论的核心思想在于对于两组概念的区分,即"增长"与"发展"和"创新"与"创造"。熊彼特认为,"增长"指的是基于人口、财富的积累而造成的(经济)规模的扩大,而"发展"指的则是(经济)内部的突破与变化,在此基础上,他进一步区分了"创新"与"创造"的不同,指出相对于"创造"这一观念或概念上的概括,"创新"更多地强调一种"实践性",创新的主体并非实验员或科学家,而应该是由企业家来担当,他更多地体现为一种运用于经

---

① 由于地方政府创新即为发生于"省、县、乡镇"等非中央层级的政府创新活动,所以我们借由政府创新概念的界定过程对其加以一并厘清。

② 这种传统的发展规律认为,经济的发展是借由人口、资本、利润等经济变量在数量上的增长所推动的。

③ 熊彼特认为,经济的增长是由创新所推动的,对于创新的初步模仿会演变为创新浪潮而进一步推动经济发展,而一旦同一创新为多数企业所共同模仿时,创新浪潮则宣告消退,经济出现停滞,经济的增长必须借由新一波的创新所推动。不断的创新才能保证经济的持续增长。

济活动,并取得成效的"对于生产手段的新的组合"①。

具体而言,这种组合出现于五个方面,即

(1)发展产品的新特性或生产新产品;

(2)运用新的生产方式;

(3)寻找并开辟新的市场;

(4)开拓新的原材料供应;

(5)建构新的企业组织形式。

总的来说,"创新"指的是一种经济的"发展",即"(企业家)运用原有的材料来生产新的产品,或是运用不同的方法来生产相同的东西,抑或是将前所未见的生产要素和生产条件组合起来,建立新的生产函数"②。

熊彼特将创新理解为经济发展的核心要素与内生变量,并用其来解释经济发展的周期与规律,为经济学的发展提供了崭新的视角。其后,在创新理论不断系统化的过程中,来自各个学界的研究者们从不同角度对于创新问题进行志趣各异的解读。特别是20世纪70至80年代以来,随着信息革命对于政治、经济、社会与文化等各个方面的影响不断深入,"创新"已经成为社会发展的各个方面的呼声,创新也已不仅仅停留在经济学领域中,其外延也开始逐渐扩散开来。

2. 根植于公共管理学的"政府创新"

在公共管理学界,学者们在秉承熊彼特的逻辑思路的基础上,指出创新应该具有普遍的意义,其本身不应仅被界定为一种经济学层面的"企业行为"。如管理学大师德鲁克(P. F. Drucker)指出,创新和企业家精神为社会发展的各个领域所共同需要,特别是维持组织发展的必不可少的活动,"社会创新……与制造蒸汽机和使用电报相比,更显得重要和困难"③。在此基

---

①　Joseph Schumpeter, *Business Cycles*, NY: McGraw-Hill, 1939.

②　[美]约瑟夫·熊彼特:《经济发展理论》,何畏、易家详译,商务印书馆1990年版,第73—74页。

③　P. F. Druker, *Innovation and Enterpreneuship: Practice and Principles.* NY: Harper & Row, Publishers. 1985, pp. 32—33.

础上,学者们将创新总结为"新观念及其实践表现所构成的崭新的行为"①,其内涵为具有"新颖性和实践性"的针对具体问题的"手段、措施、制度及方法"。依照这一思路,在政府改革领域内,以"政府施政理念、组织结构、制度设计和政策规划等方面的创新"②为基本内涵的"政府创新"成为了政治建设的重要组成部分,不断推动着政治发展的进程。作为公共管理领域内政治改革的重要方式,政府创新本身亦根植于各公共管理理论之中,保持着自我的不断更新。由公共管理理论的演进所推动的公共部门的改革,构成了政府创新的前进历程。

（1）新公共管理理论

新公共管理(new public management)最早由胡德(Christopher Hood)提出。在《一种普适性的公共管理》一文中,胡德将 20 世纪 70 年代末期发端于英国、美国、新西兰等国家,并逐渐扩散到日本、加拿大等经合组织成员国的政府改革运动命名为"新公共管理"运动。

新公共管理理论突破了传统公共行政模式原有的以权力集中、流程监督和落实责任等方法来保障行政机关绩效的传统思路,以经济学理论以及私营企业管理方法为基础,将市场竞争机制以及企业化的组织管理方式引入公共组织运行机制中,以竞争机制和顾客导向来确保公共服务与公共产品的质量,改善行政效率。

新公共管理是一个多维度的概念,其本身具有管理理论、行政模式和改革运动三重含义。同时,对于新公共管理是作为单一模式概念③还是作为包

---

① Alan A. Altshuler, Marc D. Zegans. ，"Innovation and Public Management：Notes form the State House and City Hall，"in Alan A. Altshuler, Robert D. Behn(eds.)，*Innovation in A-merican Government：Challenges，Opportunities，and Dilemmas*，Washington, D. D. ：Brookings Institution Press, 1997, pp. 68—82. 转引自杨雪冬:《简论中国地方政府创新研究的十个问题》,《公共管理学报》2008 年第 1 期。

② 俞可平:《论政府创新的若干基本问题》,《文史哲》2005 年第 4 期。

③ 将新公共管理作为单一概念进行解读的典型例子为奥斯本和盖布勒在《改革政府》中所总结的"企业化政府"模式。他们认为这种模式涵盖了新公共管理的基本原则,即政府应是起催化剂作用的;为社区所拥有的;充满了竞争性的;有使命推动的;注重效果的;受顾客驱动的;有事业心的;有预见性的;分权的以及以市场为导向的。

含不同模式的类概念①的定位问题学界尚有争论,但是我们依旧可以从新公共管理理论中寻找出一些共性的变化来作为其特点所在。新公共管理理论的特点可以总结为:

①在理论基础方面,以公共选择、委托——代理、交易——成本等现代经济学理论和私营企业管理方法为基石;

②在政府职能优化方面,强调通过部分部门的私有化和竞争机制的引入;

③在政府与社会关系方面,主张"顾客导向",利用社会力量达成公共服务的社会化;

④在政府部门内部的管理体制改革方面,提倡将私营部门的经营方式引入政府内部,以严明的绩效评估和灵活的人力资源管理策略提升公共服务的效率和质量。

(2)新公共服务理论

21世纪以来,以登哈特夫妇(Janet V. Denhardt & Robert B. Denhardt)为代表的公共行政学者在对新公共管理理论,特别是其视为精髓的企业家政府理论进行反思的基础上,建立了一种新的公共行政理论。这套全新的理论以"民主社会的公民权、社区和市民社会模型、组织人本主义与新公共行政对话理论,以及后现代公共行政话语体系"为理论基础,以"公共行政在以公民为中心的治理系统中所扮演的角色"冠名,被称为新公共服务(new public service)理论。

新公共服务理论认为,政府的改革应摆脱以往的"政府中心论",将公民置于整个治理体系的核心位置;强调政府的公共行政中应崇尚公共利益,推崇公共服务精神;倡导政府与社会组织、社区以及公民之间的沟通、交流、协商与合作共治。"公共行政官员在管理公共组织和执行公共政策时,应该承担相应的职责,即'为公民服务、向公民放权',他们的任务应该是建立有完整整合力和回应力的公共机构(以提供公共服务),而非单纯的'划桨'或'掌舵'"②。具

---

① 类概念是指不存在统一的"新公共管理"模式,其代表人物费利耶等人将新公共管理区分为效率驱动、小型化与分权、追求卓越和公共服务等取向模式。

② [美]珍妮特·V.登哈特、罗伯特·V.登哈特:《新公共服务——服务,而不是掌舵》,丁煌译,中国人民大学出版社2010年版,第5页。

体来说,新公共服务理论的基本观点主要包括:

①政府的职能是服务,而非掌舵或划桨;

②公共利益是公共行政的目标而非个人选择的副产品;

③思想上有战略性,行动上要保持民主性;

④公民导向而非顾客导向;

⑤责任应多样化而非限于市场;

⑥重视人,而非仅仅是注重生产率;

⑦公民权和公共服务比企业家精神更重要。

(3)治理理论

治理理论(governance)兴起于 20 世纪 90 年代,其目的在于"突破原有的以公共机构(政府)为唯一核心的公共管理模式,构建国家与公民、政府与非政府、公共部门与私人机构广泛合作的多中心治理结构;转变原有的自上而下的单向度权力运行模式,建立起以互动为基本形式,权力可以双向运行的管理机制;主张以合作、对话与协商的方式确定各治理中心间的伙伴关系,展开对公共事务的管理活动"[①]。

确切地说,在权威来源方面,治理理论更多地将自身定位为基于自愿性的合作过程,其权威并非来自法规或政令,而是源于参与者对于共同利益和共同目标的认同上,"治理是只有为多数人所接受才会生效的规则体系……尽管他们没有被授予正式的权力,但在其活动领域内依旧可以有效地发挥作用"[②];在治理的主体方面,治理理论引入了多中心结构,强调各个中心间应该保持沟通与合作,以共同形成具有互动性的开放性治理结构,"(治理)是政治国家与公民社会的合作、政府与非政府的合作、公共机构与私人机构的合作、强制与自愿的合作"[③];在权力运行模式方面,治理理论将传统公共行政主体间等级式的隶属关系转变为平等的伙伴关系,在"方向"上主张以

---

① 何显明:《顺势而为:浙江地方政府创新实践的演进逻辑》,浙江大学出版社 2008 年版,第 11 页。

② [美]詹姆斯·罗西瑙等编:《没有政府的治理》,张胜军等译,江西人民出版社 2001 年版,第 5 页。

③ 俞可平:《全球治理引论》,《马克思主义与现实》2002 年第 1 期。

双向互动模式取代原有的自上而下的单向度模式,在"方法"上推崇在"伙伴间"展开合作、对话、协商与交流,"(治理)所要创造的结构或秩序不能由外部强加,而要依靠多种……行为者的互动"①。

(4)协商民主理论

协商民主(deliberative democracy)理论诞生于 20 世纪 80—90 年代②,在罗尔斯、哈贝马斯等著名政治哲学家的积极推动下逐渐成为当代政治学界理论研究的热点问题。就产生背景来看,协商民主是作为一种对于代议制民主(representative democracy)的补充和完善的程序性设计所提出的,随着对其研究的不断深入,人们逐渐发现,"协商民主是一种具有巨大潜能的民主类型,它能够有效地回应文化间对话和多元文化的社会认知的某些核心问题"③。"协商"这一概念已不仅仅是一种政治手段,而更多地被视为制度安排。

对于协商民主的内涵,学者们有着不同的理解④。学者对于协商民主的不同解读的差异性是基于"协商"发生作用的领域不同而产生的。总的来说,协商民主理论主张通过对于治理过程中民主程序的完善,建立起公民可以广泛参与的协商机制,提倡各治理主体间以平等的地位展开对话的方式消除矛盾,从而赋予公共政策合法性基础,并确保公共利益和公共理性的实现,有效地回应多元文化的不同利益诉求。"协商民主的核心概念是协商或公共协商,强调对话、讨论、辩论、审议与共识"⑤。

这样,作为具体的、微观层级的政府创新实践行为,地方政府创新的理

---

① ［英］格里·斯托克:《作为理论的治理:五个论点》,华夏风译,《国际社会科学杂志》(中文版)1999 年第 1 期。

② 一般认为,约瑟夫·毕塞特(Joseph Bessette)在 1980 年所发表的"协商民主:共和政府的多数原则"一文中首次将协商民主作为学术概念提出。

③ Valadez J M. *Deliberative Democracy*, *Political Legitimacy and Self-democracy in Multicultural Societies*. USA:Westview Press,2001:30. 转引自［美］乔治·M. 瓦拉德兹:《协商民主》,何莉译,《马克思主义与现实》2004 年第 3 期。

④ 对于协商民主的不同解释,主要参见李允熙、杨波:《协商民主中国化的理论与实践研究》,《安徽大学学报》2008 年第 7 期。在文中,作者将协商民主界定为决策机制论、民主治理论、组织形式论和公民参与论四类。

⑤ 陈家刚:《协商民主与政治协商》,《学习与探索》2007 年第 2 期。

论来源就一并得到了厘清。无论是新公共管理理论对于传统公共行政理论中"政治与行政二分"和"官僚制"的批判,还是新公共服务理论对于新公共管理理论中"经济学假设"和"私营企业管理制度"的超越,都改写了之前公共管理学的主流范式、皆可视为一种对于"政府施政理念、组织结构、制度设计和政策规划"等方面的突破与创新。在持续发展的地方政府创新中,我们可以清晰地观察到,事实上,新公共管理、新公共服务、治理还是协商民主等公共管理理论已经突破了其单纯的"理论基础"定位、他们既是指导(地方)政府创新的理论基础,也是(地方)政府创新的实践成果。

综观公共管理理论的发展历程,我们可以总结出这样的结论,即无论是传统公共行政理论,还是新公共管理理论,其"效率"导向的特征均相当明显;而新公共服务理论、治理理论和协商民主理论则是围绕着"公平"导向所展开的。这种由"效率"到"公平"的管理理念变化是与经济和社会的发展密切相关的。以行政伦理价值理念为核心来指导公共管理实践,是地方政府创新发展的方向所在。关于这部分内容,我们将在第四章中专门论述。

(三)地方政府创新的动因与类型

1. 地方政府创新的动因

地方政府创新的动因(impetus)所探讨的是地方政府创新的动力机制与原因所在,即地方政府为何创新。

正如本文前一部分所述,地方政府创新根植于西方经济学和公共管理学理论,西方学者对于地方政府创新的动因也有着较为成熟的观点①,其中较为有代表性的是美国学者荣迪内利(Dennis A. Rondinelli)作出的总结:他认为,地方政府的创新主要来源于两个方面:其一为组织绩效与公众期望之间的落差所引发的人们对于传统政策和计划的不满所带来的创新;另一方面,政府内部的领袖与政府外部的精英所作出的"战略构想"可以为政府带

---

① 我国管理学界对于地方政府创新的动因也有着诸多立足于实践的理解,这部分内容在论文的第二章中有较为详尽的介绍,在此不作赘述。

来新的制度或方向安排,形成创新。在这里,我们可以将前者总结为问题驱动,将后者称为精英驱动。①

西方学者所总结出的"问题驱动"与"精英驱动"是建立在对西方地方政府创新实践的经验总结的基础上,其科学性和有效性毋庸置疑。而在立足于我国地方政府创新实践活动来进行动因研究的过程中,我们必须要对这一观点进行重新审视。

中国地方政府创新实践中,发挥主要作用的是各级地方政府的领导干部。究其原因来看,一方面是因为主观上领导干部对于提高政府绩效、提升公众认可程度的政府创新具有浓厚的兴趣;另一方面则是因为在客观上领导干部的首肯是当前中国相对集权的领导负责制体制下政府创新开展的必要条件。在这一意义上,讨论中国地方政府创新的动因应从讨论作为创新者的地方政府官员的创新动力着手。

由于目前中国社会中,"人治"的色彩依旧较为浓厚。同样的,在地方政府创新领域内,个别创新者的创新精神和能力左右着创新项目的成效,甚至影响着其存续状况②。

有学者从领导者个体的视角出发,将创新的动力分为三种:结构性动力、个人化动力以及事件性动力③。其中,结构性动力指的是官员可能借由创新而从现行政治体制中(如评价考核与提拔任用制度)中获取利益的吸引力;个人化动力指的是创新可能符合官员自身价值追求和事业规划的吸引力;事件性动力则指的是官员所面对的必须要解决的问题(主要为突发问题)带来的创新动力。

这样,我们就可以对中西方地方政府创新的动因进行横向的对比。详见下表:

---

① ［美］丹尼斯·荣迪内利:《为人民服务的政府:民主治理中公共行政角色的转变》,贾亚娟译,《经济社会体制比较》2008 年第 2 期。

② 高新军:《地方政府创新缘何难以持续——以重庆市开县麻柳乡为例》,《中国改革》2008 年第 5 期。

③ 杨雪冬:《过去 10 年的中国地方政府改革》,《公共管理学报》2011 年第 1 期。

表1—1　中西方地方政府创新动因比较①

	出发点	发起环节	启动环节	方案设计	回避风险的方法
西方地方政府创新动因	1. 弥补绩效落差 2. 实现战略构想	待解决问题的紧迫性起主导作用	是否符合法规及现实需求	是否有效	1. 解决突出问题 2. 制定广泛适用政策 3. 确保政策价值中立
中国地方政府创新动因	1. 解决重要问题 2. 满足事业规划	领导干部的改革意识起主导作用	能否得到上级的批示和认可	如何平衡预期收益与风险	1. 解决突出问题 2. 借鉴已有创新经验 3. 在上级认可后再实施创新
结论	相似	不同	不同	不同	不同

不难看出,虽然在出发点方面,中西方地方政府创新表现出了一定的相似性,但是在其后的发起环节、启动环节、方案设计和风险回避等动力机制方面,两者之间表现出了不同的特征。西方地方政府创新更多地表现出的是一种问题驱动的特点,而中国地方政府创新则更多地为精英所驱动。两者不能做等同考虑。

西方的地方政府创新动因理论无法从根本上驾驭中国的社会现实状况,而中国自身的政府创新实践则无法避免地体现出一种为"人治"所左右的色彩。在这里,我们可以尝试性地将两者结合起来,以西方理论为器,以中国实践为本,总结一下地方政府创新的动因所在。

在中西方地方政府创新动因的比较中,双方均认可创新过程中(政府)领导者的推动作用,并分别将其表述为"结构化动力、个人化动力"与"精英驱动",而无论是哪种表述方式,其背后都蕴含着创新者对于某种或某些利益的合理追求,所以在这里我们不妨将其更加直接地界定为最根本的"利益驱动";而相对于中国学界所总结的"事件性动力",西方所采用的"问题驱动"则有更为广泛的内涵和外延,可以借由其"绩效落差(Performance

---

① 本表中部分内容整理自陈雪莲、杨雪冬:《地方政府创新的驱动模式——地方政府干部视角的考察》,《公共管理学报》2009 年第 7 期。

Gaps)"的表述方法来涵盖来地方政府所面对的来自于各层次的困境以及其所引发的问题,所以我们可以将两者的共性——即对于创新者所产生的"压力"抽离出来作为地方政府创新的另外一个动因所在,即压力驱动。

(1)利益驱动:指的是创新者可以借由创新行为而从已有的制度中获取利益而产生的吸引力。这种利益从根本上而言,是指创新者可以在评价考核、选拔任用等干部选拔评价制度方面获得的客观收益。利益驱动是一种来自于体制内部的制度诱发型动力,是主动型地方政府创新存在的根源所在。

(2)压力驱动:指的是创新者为解决其所遭遇的困境而进行创新活动的推动力。这里所说的困境具有多重含义,一般而言,其包括环境、制度和技术三个层次①。其中环境层次的压力指的是全球化和信息化时代下政府所处的政治与经济环境产生的剧烈变化对创新的呼声②;制度层次的压力则是源于传统官僚制的僵化特征与当代社会高速发展的态势之间的矛盾③;技术层面的压力则体现在新科技的推广所造成的新技术的传播和信息的高速扩散对政府传统组织与运行模式的挑战。压力驱动是一种来源于体制外部的问题"倒逼"型动力④,是被动型地方政府创新存在的客观基础。

2. 地方政府创新的类型

依照地方政府创新的动因不同,我们可以将地方政府创新区分为"主动

---

①　张红军:《政府改革与政府创新——关于政府创新的内涵、动力及路径分析》,《中共山西省委党校学报》2007 年第 12 期。

②　全球化和信息化对政府提出的改革要求可以分为经济和政治两方面。在经济上,全面展开的市场经济要求限制政府规模,改变公共管理导向,即变全能政府为有限政府,变管制型政府为服务型政府;在政治上,则表现为公民政治权利意识的觉醒对政府公共管理模式的改组要求,即变单向的命令—执行模式为双向的参与—协商模式。

③　这种矛盾可以解读为官僚制本身所具有的稳定、等级制、对于过程和规则的重视的特点与当前社会发展过程中追求竞争、倡导弹性化管理、对于结果较为重视的要求之间的矛盾。

④　李景鹏:《地方政府创新与政府体制改革》,《北京行政学院学报》2007 年第 3 期。

型"和"被动型"两种类型①,并依照创新的驱动力和创新者的选择将其分为以下四种形式。详见下表。

表1—2　地方政府创新的类型②

创新者的选择 创新的驱动力	主动创新	被动创新
发展(利益驱动)	发展—主动型	发展—被动型
危机(压力驱动)	危机—主动型	危机—被动型

在这四种形式中,"发展—主动型"创新是政府和社会两者均发展至较为完善的程度之后产生的内生性自觉创新形式,政府进行创新的目的既是前瞻性地满足社会发展态势的需要,又是践行创新者个体对于其事业的整体规划的体现;"发展—被动型"创新是一种社会发展与政府行政模式之间失衡而产生的创新形式,在这种形势下,社会的发展速度已经超出政府的发展速度,创新者被迫针对发展过程中因制度滞后、不配套或缺失而产生的"瓶颈";进行创新;"危机—主动型"创新是一种应激性的创新形式,这种创新形式产生于创新者对于业已出现的问题缺乏有针对性的制度及可借鉴的经验的情境下,而针对这一困境,创新者选择伺机而动,以创新的形式自发解决问题;"危机—被动型"创新是一种任务式的创新形式,在缺乏针对性的有效治理方法的情境下,政府官员被迫接受上级的要求而进行创新举措,这

---

①　当然,国内外学者对于地方政府创新的类型有着不同的总结,如依照创新的对象将其分为体制改革、政府公开、作风建设、综合执法、人员管理等类型;依照创新发生作用的区域将其分为地方政府自身组织建设的创新和地方政府组织输出的创新;依照创新的层次将其分为理论层面的、制度层面的、人员层面的和操作层面的政府创新等。在这里,笔者认为在将地方政府创新的动因明确地界定为利益驱动和压力驱动的前提下,按照其内涵逻辑将地方政府创新划分为"主动"和"被动"两种形态是比较符合其背后所蕴含的能动关系的。参见吴知论:《中国地方政府管理创新》,人民出版社2004年版;刘景江:《地方政府创新:概念框架和两个维度》,《浙江大学学报》(人文社会科学版)2009年第1期;谢庆奎:《服务型政府建设的基本途径——政府创新》,《北京大学学报》2005年第1期。

②　整理自杨雪冬:《简论中国地方政府创新研究的十个问题》,《公共管理学报》2008年第1期。

种创新多采取照搬其他地区创新经验的方式展开,不仅缺乏主动性,还缺乏科学性,因此很容易在压力(包括危机带来的压力以及上级对其形成的压力)消失后停滞甚至中断。

(四)地方政府创新的评估

1. 对于地方政府创新要素的评估

正如在本文前一部分"地方政府创新的理论基础"中所提及的那样,"创新"本身具有两种必要的属性,即新颖性和实践性。而作为发生于公共管理领域内的创新活动,地方政府创新相较于一般的创新行为又增加了在公共性方面的属性要求,为创新增加了维护公共利益、体现公共价值方面的目标指向[1]。这样,我们在进行初步的要素分析后,可以认为"(在地方层级)行使公共权力的创新主体、具有创造性的实践内容和服务于公共利益的创新价值观"[2]共同构成了"地方政府创新"这一概念,这也是衡量一项创新是否属于地方政府创新的基本标准。

2. 对于地方政府创新效果的评估

目前对于地方政府创新效果评估的研究相对较少,因而其评估的标准也尚不清晰。一般而言,对于地方政府创新效果的评估有三种方式:考察采纳创新的时间、创新持续的时间和创新是否能被广泛接纳[3]。

这三种评估方法所分别对应的是地方政府创新的"首创性""持续性"和"推广性(或称之为扩散性)"。本文认为,由于地方政府创新活动经常展现出"墙里开花墙外香"、在借鉴经验的地区更加"发扬光大"和"推陈出新"的特点,所以单纯界定某一个创新案例是否首创的理论和现实意义均非十分

---

① [美]保罗·C. 莱特:《持续创新:打造自发创新的政府和非盈利组织》,张秀琴译,中国人民大学出版社 2004 年版,第 4 页。

② 杨雪冬:《过去 10 年的中国地方政府改革》,《公共管理学报》2011 年第 1 期。

③ George W. Downs, Lawrence B. Mohr, "Conceptual Issues in Innovation," *Administrative Science Quarterly*, 21(4), pp. 700—714.

重要。因此,在这里着重讨论地方政府创新的"持续性"和"推广性"标准。

(1)持续性

从管理学的意义上来看,一项创新活动的持续时间是维持和增进公共利益的重要保障,基于这种考虑,将"持续性"作为评估地方政府创新程度的标准是十分有必要的。但是就产生根源来看,我国的地方政府创新的出发点多集中在解决具体问题方面,一旦该问题得到解决,那么创新实践可能被固化下来形成新的政策,也有可能直接结束。在这种情况下,我们无法单纯地从单个部门执行创新活动的时间维度上考量创新本身的"持续性",更不能进一步单独使用此标准来衡量地方政府创新的程度。

(2)推广性

创新的推广(或扩散)指的是一项创新活动为其他创新主体所学习和借鉴的过程。正如之前所述,创新的可持续性并不应仅仅被视为其在某一特定部门持续的时间的长短,而更应该被视为其在其他地方所得到的回应。成功的创新是一种可以延伸的过程,"当某项创新实践为更多的地方或部门所认同并采纳之后,才可以最大程度地发挥其影响力,并进一步推动更高层级政府部门乃至整个社会的前行"①。在目前中国所进行的全方位制度改革进程中,政府创新所涉及到的地域和部门各自有着不同的特点和要求,正因为如此,"扩散性程度更能说明创新的制度化潜力或者应用的可能性"②。

明确的评估标准在帮助我们更加深刻地认识地方政府创新的本质的同时,还可以有效地避免创新的"口号化、意识形态化和形象化等政府创新误区"③,尽可能地杜绝"伪创新、劣创新和恶创新"④的出现。

当然,对于地方政府创新进行评估的标准并不仅局限于上述几种。诸如已在全国广泛展开的中国地方政府创新奖的评选标准也对地方政府创新

---

① Wejnert B. Integrating Models of Diffusion of Innovations:A Conceptual Framework. *Annu. Rev. Sociol* ,2002(28):297—326.

② 杨雪冬:《过去 10 年的中国地方政府改革》,《公共管理学报》2011 年第 1 期。

③ 杨雪冬:《中国地方政府创新:特点和问题》,《甘肃行政学院学报》2007 年第 4 期。

④ 贾建友:《歧化与变通——基层视角的县市政府创新》. (2012—10—9). http://www. clgs. cn/Article_Print. asp? ArticleID = 1283.

的评估也有着重要的参考意义①。

(五)地方政府创新的发展趋势

正如前文所述,"利益"和"压力"公共构成了地方政府创新的动因。而从创新实践中来考察,虽然存在一部分创新者基于自身利益的考量所推动的创新活动,但是在目前的地方政府创新实践中源于环境、制度与技术层面的多种压力是地方政府创新产生的最重要原因。

伴随着社会的不断发展,公共管理学本身也经历了传统公共行政、新公共管理和新公共服务等阶段,公共管理的理论范式处于不断地调整之中,其体系、制度和行为模式都在发生着显著的变化。这种理论层级的变化源于公共管理本身所处环境中所涌现出的种种实践困境(即发展的社会与僵化的制度之间的矛盾),而不断变化着的公共管理理论反作用于实践的方式即为推动本领域的创新,这也是地方政府创新产生的根源所在。毋庸置疑,社会的发展的速度高于政府制定应对政策的速度,这也就从客观上决定了地方政府创新本身属于一个鲜活的概念,其内涵必定处于不断地发展过程中。

目前,政府创新已经成为了一种全球性的趋势。在过去二十年间,在全球范围内,政府创新展现出了以"政府的角色由一元管理者向多元合作者转变、政府的组织结构由'地窖式(即封闭式)'向'网络式'的转变、政府的运行方式由管制向协调转变、政府的目标由效率取向向公平取向转变"②为代表的趋势性特征。作为政府创新的重要组成部分,地方层级的政府创新行

---

① 中国地方政府创新的评选标准为以下6个方面:创新程度:该项活动必须具有独创性,而不是机械模仿他人或照搬上级指示;参与程度:该项活动必须有助于提高公民的政治参与,增加政治透明度,使公民对地方事务拥有更大的发言权;效益程度:该项活动必须具有明显的社会效益,这种效益必须已被事实充分证明,或得到受益者广泛承认;重要程度:该项活动必须对人民生活或社会主义市场经济建设、民主政治和社会安定具有重要意义;节约程度:该项活动必须尽量节约,不得增加受益者的财政负担,也不能为了结果不计经济成本;推广程度:该项活动必须具有明显的示范效应和推广意义,其他地区的党政机关、群团组织可以学习借鉴。(2012—10—10)http://www.chinainnovations.org/Item/23923.aspx.

② 陈雪莲:《全球政府创新的发展趋势》,《学习时报》2009年6月22日。

为因为其较高的灵活性和现实性亦引起了学界的关注。在对各地的创新理念和创新措施进行总结的基础上，我们可以对地方政府创新的趋势加以简要地归纳和展望。

首先，在创新层级上，理念创新将成为地方政府创新的主流。按照创新的层次来看，我们可以将地方政府创新划分为技术层面、制度层面和理念层面三个不同层次。在当前的地方政府创新过程中，技术创新、制度创新和理念创新在时间上的并无固定的出现顺序，体现的是一种百花齐放、齐头并进的发展态势。究其原因来看，这是因为目前地方政府创新还大多停留在"应激性"层面，在短时间内解决问题是创新的出发点所在。但是以发展的眼光来审视这地方政府创新活动，我们不难发现，"创新的目标应集中于缔造一个积极回应公众需求的政府运行模式，创新应是达到这一目标的手段而非目标本身……对社会秩序与社会公正等价值层面的追寻才是地方政府创新的根本目标"①。由此可见，当技术创新和制度创新进行到一定程度之后，对于地方政府运行理念的省察将成为地方政府创新的主要组成部分。当前，亦有学者意识到了这一趋势，从不同方向对地方政府创新的前景进行了展望②。

其次，在创新范围上，地方政府创新的热点将集中于社会管理和公共服

---

① 杨雪冬、陈雪莲:《政府创新与政治发展》，社会科学文献出版社2011年版，第12页。

② 如张康之教授从行政伦理的角度将近年来公共行政发展的趋势总结为"从控制导向向服务导向的转化、从效率导向向公正导向的转化、在工具研究中引入价值的视角、确立合作和信任的整合机制、在治理方式上谋求德治与法治的结合、用行政程序的灵活性取代合法性、用前瞻性取代回应性"，这一解读与俞可平教授所提出的"从管制政府走向服务政府、从全能政府走向有限政府、从人治走向法治、从集权走向分权、从统治走向治理"的政府创新趋势总结是相通的，都是从理念和价值层面对地方政府创新所做出的趋势分析和展望。这也将地方政府创新的趋势与以"合法性、法治性、透明性、责任性、回应性、有效性、参与性、稳定性、廉洁性和公正性"为内容的"善治"这一公共管理的理想目标联系起来，进一步验证了地方政府创新在公共管理发展过程中的重要作用。整理自张康之:《在公共行政的演进中看行政伦理研究的实践意义》，《湘潭大学学报》（哲学社会科学版）2005年第9期；俞可平:《全球治理引论》，《马克思主义与现实》2002年第1期；《论政府创新的若干基本问题》，《文史哲》2005年第4期；《论政府创新的主要趋势》，《学习与探索》2005年第4期。

务领域。具体而言,地方政府创新主要是由创新者所推动完成,创新者是基于其所可能得到的预期利益和面临的困境所造成的压力而发起创新行为。在目前阶段,创新者的所期望得到的预期利益多表现为职业上的表彰及升迁,而可以满足其利益诉求的主体多集中于其"上级领导"这一特定角色,于是领导者,特别是高层领导者的偏好在很大程度上左右着创新者对于地方政府创新活动领域的选择,"符合领导偏好的选择,无论对创新者个人还是对创新项目来说都将实现风险最小化和机会(利益)最大化"①。就当前而言,政治改革和行政改革等方面的创新因为其困难性和深层次性而经常被推后,而迫切需要解决的政治、经济与社会问题则多集中于社会管理和公共服务领域,且在这两个领域出现的问题具有基层性和广泛性,这就使得在基层创新者感受到了切实的压力的同时,各层领导者也将解决这两个领域的问题列为应优先解决的"选项"。所以在短时间内,地方政府创新的热点将继续集中于社会管理和公共服务领域。

最后,在创新主体上,中央政府将在地方政府创新过程中发挥更大的作用。从"善治"视角来看,对于社会公共事务的管理应由政府和公民共同合作完成。而从现实出发,即便公民获取了社会公共事务的管理过程中的主体之一的地位,在很长一段时间内其所能发挥的作用依旧无法与国家及政府相提并论。作为最重要的政治行为主体,政府在公共事务的管理过程中依然具有核心地位。因此,"善政",即"严明的法度、清廉的官员、很高的行政效率和良好的行政服务"②成为了达成"善治"在公共管理过程中的具体目标。作为公共管理过程重要组成部分的地方政府创新活动,其主体无疑应为政府,但单独依靠地方政府则无法保证创新活动的有效性。这种有效性具体指的是地方政府创新的自觉性、持续性和推广性。而究其根本而言,有效性必须依靠中央政府和地方政府的合理分工合作的方式才能达成。具体而言,诸如税制改革等涉及政治层面的创新必须由中央政府发起;而地方政府在其创新活动中所积累的经验也必须借由中央政府予以制度化确认才

---

① 何增科:《中国政府创新的趋势分析——基于五届中国地方政府创新奖获奖项目的量化研究》,《北京行政学院学报》2011 年第 1 期。

② 俞可平:《论政府创新的若干基本问题》,《文史哲》2005 年第 4 期。

可能真正地确认留存;同时,成功的地方政府创新案例的甄别和推广也是中央政府所应该承担的责任。只有构建起"以地方政府为创新的发起者和实验者,以中央政府为评议者和推广者"①的政府间合作体系,才能将改革创新拓展到地方层级和特定的地域范围之外,使创新的成果真正地为广大公民所享,促成"善政"的达成。

三、行政伦理与地方政府创新的契合性解析

(一)行政伦理:地方政府创新的矢量标准

如上文在概念界定部分中所述,地方政府创新本身应带有创新的二重属性,即"新颖性"和"实践性"。根据新颖性的要求,无论是"首创"抑或"借鉴",创新都意味着地方政府本身发生着"前所未有"的变化;根据实践性的要求,这种变化则应遵循一种问题导向,在解决现实问题方面的"效用性"是地方政府创新的另外一项应有属性。"新颖性"和"实践性"是地方政府创新的基本构成要素。随后,我们又将公共管理领域所固有的"公共性"纳入到地方政府创新的构成要素体系之中,将"服务于公共利益的创新价值观"与"(在地方层级)行使公共权力的创新主体"和"具有创造性的实践内容"一并列为组成地方政府创新的必备要素。

在这里,我们可以将创新活动本身所具有的"新颖性"和"实践性"总结为效用要素,将"公共性"界定为价值要素,两者分别代表了地方政府创新的"能力"和"方向"。我们可以借用物理学中的矢量和标量的概念来理解两者的区别,矢量表示有大小又有方向的力,而标量则代表只有大小而没有方向的力。当地方政府创新同时具备效用要素和价值要素的情况下,即可将其视为一种有着推动力和方向的矢量意义上的创新;当创新仅具备效用要素而缺乏价值要素的情况下,其只能被视为一种缺乏方向指导的标量意义上

① 何增科:《中国政府创新的趋势分析——基于五届中国地方政府创新奖获奖项目的量化研究》,《北京行政学院学报》2011 年第 1 期。

的创新。

"公共性"决定了地方政府的创新活动应该"服务于公共利益"。但是这一界定在具体的方向性上和执行性上都需要进一步明确。正如弗雷德里克森所指出的,"公共"具有不同的指代含义,"在多元主义看来,公共是利益集团;在公共选择理论看来,公共是理性选择;从立法的角度看,公共是被代表者;从服务提供的观点看,公共是顾客;而在本源的意义上来看,公共指代的则是公民本身"①。在以上对于公共的界定中,"公民说"是学术界所较为推崇的,但是不能否认,其他对于"公共"的认识客观存在于行政实践之中,并衍生出了不同的"公共利益"内容,真切地影响着行政行为的价值取向。

即便是在沿用"公民说"来界定"公共"的情况下,公共利益的概念依旧众说纷纭、模糊不清②。"公民"这一利益主体的范围过于宏大,完备地界定出公共利益具体指代几乎是不可能的。因此,公共利益多表现为一种观念。这种观念主要依照以下四方面认识所构建:"首先,公共利益由国民的私人利益所组成,没有私人利益就不可能界定公共利益;其次,公共利益是人为认定的产物,是一种工具性的设定;再次,公共利益是政府与公众之间的一种适当的利益认同;最后,利益不是政府的理想基础,而只是最好的可能。"③应该说,在现实语境下,这种构建方式具有合理性,公共利益并非是明确先在的,而是为人所认可界定的。在对公共利益进行界定的过程中,政府因其现实的强势地位成为了具有最高话语权的主体,往往在事实上扮演着公共利益的最终界定者的角色。

在政府对公共利益进行界定的过程中,作为其自身利益代表的"政府利益"往往左右着其判断。作为公共利益本源的"公众的利益"和政府利益相左的情况下,政府是否能抑制自身的利益最大化追求,确保将"公众的利益"诉求上升为"公共利益",并运用公共权力对其进行维护和回应,是政府所面临的现实问题。

---

① ［美］弗雷德里克森:《公共行政的精神》,张成福译,中国人民大学出版社2003年版,第28页。

② 沈世光:《公共行政伦理学导论》,上海人民出版社2008年版,第160页。

③ Morgan Douglas F. *The P. ublic Interest*,1994,p.127.

这一问题同样出现在地方政府创新的过程中。"公共利益"应是地方所秉承的创新指向。但是相对而言,地方政府本身亦是界定该区域内公共利益的最权威主体。因此,地方政府将自身的组织利益抑或部门利益界定为"公共利益",采取公权私用的方式通过创新的渠道为己谋求不当收益的问题同样客观存在。

本文认为,当前的地方政府创新所面临的并非是"是否应该遵从公共利益导向"的问题,而是"如何界定公共利益"的问题。应该说,在当前法制不健全、信息不对等、行政过程不透明、公民监督意识和能力不高的情况下,外部的约束力量很难对"政府(抑或部门、个人)利益公共化"的现象进行有效的规范。确保行政主体内在的"关于公私利益关系的观念体系"①的正确导向才能从根本上保障创新的公益走向。因此,行政伦理这一内化于行政主体的价值观念模式和行为道德规范的作用便显现出来。作为一种内化的规范与标准,行政伦理的作用就在于"帮助行政主体在面临公共利益和特殊利益冲突时作出符合伦理道德的选择"②。当行政主体真正地将行政伦理内化为自身的道德规范时,方能真切地将"公众的诉求"纳为"公共利益"的价值核心,保障地方政府创新的"公益导向"。

(二)地方政府创新:行政伦理实现的现实途径

依照前文中所述,我们可以将地方政府创新视为地方政府在其现有的公共事务管理模式受到来自于政治、经济、文化与社会等多方面的严峻挑战时所采取的更新自身管理模式的改革行为。从实践层级来考量,地方政府创新代表着社会公共事务管理模式的更新;而从行政伦理的视角来审查,这种模式更新的背后所蕴含的是伦理精神的变迁。

正如前文中对于行政伦理的概念界定过程中所提及的,行政伦理是公职人员及行政组织在行政活动中所应遵循的价值观念模式和行为道德规范的总和。很明显,行政伦理本身已经超越了公职人员的个体伦理范畴,成为了一种政府行政行为过程中所应秉承的整体性组织伦理,行政伦理所意欲

---

① 张国庆:《公共行政学》(第三版),北京大学出版社 2009 年版,第 462 页。
② 张国庆:《公共行政学》(第三版),北京大学出版社 2009 年版,第 463 页。

彰显的不再仅限于"个体善",而开始着意追求带有整体意蕴"制度善"。

从宏观角度来考量,行政伦理对于"制度善"的追寻推动了政府改革的发展历程,"公共行政改革本质上是一项伦理运动"①。综观公共管理模式的发展历程,伦理精神的身影正在逐渐清晰显现。

在传统的统治型公共管理模式中,伦理是作为统治阶级的工具所存在的。伦理道德作为一种个人信念和理想,被统治阶级阐发为维护其统治地位,催生臣民意识、强化差等正义观,维护稳固统治秩序的'工具',在这种情况下,现代意义上的"行政伦理"尚无从谈起。随着时间的推移,管理型公共管理模式开始逐渐出现。此类模式以泰罗的科学管理原则和韦伯的官僚制为理论出发点,强调管理的经济性和效率性,行政过程中的情感与道德诉求等价值因素被冠以"巫魅"之名遭到祛除②。因此,"伦理"被剥离于行政行为之外,"进入官僚制之后,人们的良知就消失了"③,在管理型公共管理模式中,"伦理道路是完全封闭着的,其法律制度和科学化的要求在本质上无一不是对于伦理的背离"④。

发端于 20 世纪 70—80 年代的服务型公共管理模式是依托于新公共管理运动和政府再造运动生成的。服务型公共管理模式以新公共行政、新公共管理、治理理论和新公共服务理论为理论基础,呈现出以"在政府部门引入私营部门经营理念和企业家精神、倡导顾客导向、重建竞争机制,提高政府的回应性和灵活性"为主要内容的市场化倾向;以"将公民与社会组织纳入到公共管理的主体中来,构建多方参与的协商平台"为主要内容的民主化倾向,和以"强调'公民至上'和'公共利益',倡导构建社会本位、公民本位、权力本位和服务本位下公民、社会与公共组织的互动治理模式"为主要内容的服务化倾向⑤。在服务型公共管理模式中,"公平、民主、公共精神等价值观"逐渐成为与效率和生产力同等重要的行政行为价值取向,并有逐渐跃居

---

①　沈世光:《公共行政伦理学导论》,上海人民出版社 2008 年版,第 148 页。

②　张康之:《论伦理精神》,江苏人民出版社 2010 年版,第 27 页。

③　[美]特里·库帕:《行政伦理学:实现行政责任的途径》,张秀琴译,中国人民大学出版社 2001 年版,第 195 页。

④　张康之:《论伦理精神》,江苏人民出版社 2010 年版,第 103 页。

⑤　谢治菊:《公共管理模式嬗变的伦理学分析》,《理论与改革》2011 年第 3 期。

其上的趋势①。在服务型公共管理模式中,行政与伦理真正地统合在了一起,摆脱了工具性质的伦理精神回到了行政活动之中,保障公共利益、落实公民权利和维护公共秩序与公共精神成为了行政行为的明确指向。政府开始以推动自身改革的方式追求"公平、正义、民主、自由"等伦理精神的实现。

从最直观的意义来看,社会发展所促成的社会环境变化与新生问题的凸显是推动政府改革的原因所在。而这种社会发展过程中所内镶的是一种时代精神的变迁。无论是"民主""效率"抑或"公平",其所代表的均为当时历史条件下社会发展的真切诉求。这种诉求可能表现在各个细致具体的方向,但是其中所蕴含的价值内核在某一时间段内是相对固定的。在此视角下,政府改革的真意即为对于时代精神的回应。

正如我们在梳理公共管理模式过程中所总结的,社会管理模式由"管理型"向"服务型"的转变所代表的是行政与伦理"由背离走向统合",所以学界也将这一过程称为"公共管理的伦理转向"。这种转向将伦理对"个体善"的追寻扩充到了整个行政活动领域中,并希望通过"制度善"的方式来促成系统整体性伦理规范体系的形成,行政伦理即在这一过程中逐渐产生。这种实质性地变化决定了行政伦理的构建不能仅仅依托于对于公职人员个体美德或者德性的培育,法律、法规、制度和规章等政治秩序的伦理化改造亦是行政伦理构建过程中必不可少的外部途径。行政伦理的精神不仅作用于个体公职人员,同时亦引导着社会管理模式的整体变迁。当前我国所提出的建设"法治政府""责任政府""服务政府""透明政府"和"廉洁政府"的思路,都可视为伦理精神的现实诉求。

应该说,行政伦理的规范对象相当广泛,涉及到个体公职人员、行政组织、公共政策等方面,现有的制度框架和政治秩序亦为行政伦理的作用客体。行政伦理的作用即体现在"通过伦理和价值的因素来正确地引导社会前行……重塑公共行政的体系、制度、行为模式"②。易言之,推动政府的有序改革和伦理化转向是行政伦理所担负的重要职责。而在当前中国的现实

---

① 刘祖云、高振扬:《行政伦理学:新世纪"显学"之端倪》,《学习论坛》2007 年第 5 期。
② 张康之:《从公共行政的演进中看行政伦理研究的实践意义》,《湘潭大学学报》(哲学社会科学版)2005 年第 9 期。

政治语境下,"微观先行"是政治发展所遵循的基本逻辑。在这一逻辑的作用下,"改革"往往以"创新"为先导,"中央政府全面推广"往往以"地方政府试点展开"为前提,"政治体制的改革"往往以"行政体制的更新"为基础,"社会治理模式的变迁"往往以"地方政府创新"为开端。地方政府的创新实践是中央政府推行全面改革的重要经验来源。

本文认为,行政伦理的作用不仅在于规范和引导公职人员或者组织的行政行为,其本身更隐含着以伦理精神来推动政府改革、引导社会前行的深层次理念。基于我国微观先行的政治发展基本逻辑,以"公平""正义""民主""法治"等伦理精神为内核的改革理念,以及包含以上理念的改革方案必须借由地方政府的创新实践印证后方有可能全面地推广开来,促成社会治理模式的全面伦理转向。在此意义上,地方政府创新是行政伦理得以实现的现实途径。借于此,我们可以将地方政府创新进一步界定为"地方政府为促成社会治理模式转换、满足'伦理在场'要求而在现实层面所展开的先行实践活动"。关于这部分内容,我们将在第四章中加以详尽论述。

(三)责任、制度、公平:创新中凸显的伦理向度

作为一种"创新"实践,地方政府创新本身即代表着对于原有行政框架、模式或者秩序的突破。这种突破会必然性地带来利益的重新分配。在分配过程中,"(作为创新过程中利益分配载体的)行政制度并不会理想性地依照某种先验的普遍理念来构建,其必然是在现实利益集团相互博弈的基础上所形成的均衡结果"①。在创新过程中,各个主体的利益诉求将会不可避免地渗入创新方案的设计中。因此,确保以"公民"为核心的公共利益的彰显是(地方)政府所应考量的首项要务。

毋庸置疑,"服务于公共利益的创新价值观"本身即为一种行政伦理精神,而在地方政府创新实践过程中,这一宏观伦理精神的导向作用需要进一步细化方能真正地确保"公共利益"中所应蕴含的"公民"诉求。

本文认为,作为一种行政行为,地方政府创新自然地需要行政伦理对其加以规范和引导,而作为一种对于原有行政框架、模式和秩序的更新,地方

---

① 万俊人主编:《现代公共管理导论》,人民出版社2008年版,第158页。

政府创新更加需要从宏观伦理精神中衍生出的具体"伦理向度"来确保创新行为的公益指向。伦理精神需要具体细化至创新各个阶段、层级和方面,才可以为地方政府创新的公益导向提供有效的内在保障。从本质上而言,无论是地方政府创新,抑或是其他行政行为,均展现出"责权利"统一的特点,"行政行为和后果背后均隐含着责任、权力和利益三者之间的结构关系"①。因此,行政伦理对地方政府创新的规范和引导,即应体现在对于创新过程中所涉及的"责任""权力"和"利益"的统一和协调方面。这种统一和协调是建立在彼此间共同的"伦理内核"的基础上的,而同一的伦理精神需要转变成具有针对性的不同伦理准则方能真切地发挥导向和规范作用。由此,本文对整体性的伦理精神加以进一步具象化,分别为"责任的承担""权力的运用"和"利益的分配"选取了"责任伦理""制度伦理"和"公平伦理"三个伦理向度,以具体化、针对性的伦理要求分别对三者加以规范和引导,以期促成三者在"公共利益"导向下的协调发展和有机统一,从内部保障地方政府创新的有序展开。

1. 责任伦理:凸显于"责任承担"过程中的伦理向度

正如库珀所指出,"责任一词是公共行政所有词汇中最为重要的"②。从产生的源头来考察,责任的逻辑起点应为"角色"。只有在角色得到确认的基础上,其相应的职能才会进一步明确,个体由此获取保障职能顺利实施的具体权力,并承担起行使权力所带来的后果——即责任。

在公共行政过程中,政府作为公共事务的管理者,其所行使的公共权力是公民基于"委托—代理"关系让渡于政府的。权力的归属并不会因为这种契约关系而产生变化,公众依旧是公共权力的所有者,而政府仅为公共权力的行使主体。在这种委托—代理关系中,政府应以"积极回应公众需求,提升公共福祉,维护公共利益,提供优质的公共产品和公共服务"的方式对其所行使的公共权力的所有者——"公民"负责,这也是政府责任的内涵所在。

---

① 麻宝斌、郭蕊:《从责权利关系视角解读政府执行力》,《学习论坛》2010 年第 11 期。

② [美]特里·库帕:《行政伦理学:实现行政责任的途径》,张秀琴译,中国人民大学出版社 2001 年版,第 26 页。

在具体的行政活动过程中,行政主体所需负责的对象要更为多样化一些,"行政主体需要对上级和下级负责,需要对民选官员负责,同时亦需要对公民负责"①。究其原因来看,基于官僚制的权力自上而下的多次分配所形成的多重"委托—代理"关系是行政主体需向复数主体负责的根本缘由。而这种多重的委托代理关系将会不可避免地影响到行政主体的责任观:客观上掌握权力分配和奖惩考核权的组织领导极易成为行政主体负责的主体,行政主体逐渐失去了对公民负责的主观意愿。

应该说,在我国当前的现实语境下,行政主体并不缺乏责任意识,但是其所持有的"责任意识"所指向的对象往往集中于"上级",表现为一种官本位性质的"对上负责制"。在这种扭曲了的"责任意识"的作用下,以公职人员为代表的行政主体更倾向于对组织(及其领导者)这一委托人负责,将完成组织领导的指令作为其最重要,甚至是唯一的责任,无视、曲解甚至违背公众的利益诉求,导致以"愈负责(对组织领导者)而愈不负责(对公众)"为表征的责任关系的异化现象的产生。

这种异化了的责任意识同样存在于地方政府创新的实践过程中,在其作用下,地方政府更倾向于以上级的政策指令而非公众的现实诉求为出发点来发起创新,"创新"更多地被地方政府视为一种"工作责任"——即上级交办的工作任务和行政目标。在创新过程中,地方政府无须发挥其能动性,被动地执行政令即可达成"负责"的效果,公众诉求所蕴含的"公共利益"在创新过程中处于被选择性无视的尴尬境地。

因为这种异化了的责任意识本身即诞生于科层森严的官僚体制中,所以仅靠同源的刚性制度约束的方式并不能从根本上解决问题。要对同时见诸于主客观层级的"责任意识"加以重塑,更应依托于行政伦理的内在规范和导向作用。

在行政伦理的视阈下,行政责任的意义就在于"政府必须回应社会和民众的政党要求并加以满足,必须积极履行其社会义务和职责……如若不然,

---

① ［美］特里·库帕:《行政伦理学:实现行政责任的途径》,张秀琴译,中国人民大学出版社2001年版,第64页。

政府就会失去存在的合法性和社会基础"①。在此基础上,行政伦理进一步提出了"责任伦理"这一带有针对性的伦理向度来作为"责任承担与认定"过程中的伦理规范。简单地说,所谓责任伦理即是指行政主体主动履行各类责任、积极回应公众需求并勇于承担行为后果的伦理。当以"主动性""回应性"和"承担责任"为核心的责任伦理真正内化于行政主体之中时,行政主体方会表现出一种无条件的责任自觉,"其责任意识的产生的原因是自身的责任感和自觉性,而非制裁机构等外力的压迫"②。易言之,行政伦理精神,特别是责任伦理向度的内化,是地方政府自觉开展创新实践,主动回应公众诉求的重要前提。

2. 制度伦理:凸显于"权力运用"过程中的伦理向度

如果说明确责任是地方政府创新实践的顺利展开的前提,那么创新过程中"权力的有效运用"则是创新得以实现的基础。正如上文所述,作为一种"创新"实践,地方政府创新本身即代表着对于原有行政框架、模式或者秩序③的突破。这种突破是建立在地方政府拥有与其创新责任相称的权力的基础上的,也是建立在原有的制度确已不能满足公共利益发展需求的基础上的。简言之,地方政府创新需要有力(权力),有据(原有框架、模式或秩序的失效)方能有效地展开。

制度是权力的边界和保障,权力需要在制度的约束下运行,这是具有一般性的政治规律。在原有的政治秩序中,地方政府的各项权力多为来自不同条块的上级行业或行政主管部门所分割管辖,在多重制度的森严制约下地方政府缺乏足够的制度空间——即权力来支撑其创新实践活动。时至今日,情况发生了较大的变化,在微观先行的政治发展基本逻辑的作用下,中央政府对于地方政府在微观层面上进行的政治体制与行政体制方面的创新尝试持肯定态度,在一定程度上,中央政府甚至鼓励地方政府通过局部创新

① 沈世光:《公共行政伦理学导论》,上海人民出版社 2008 年版,第 153 页。
② 王玉明:《论政府的责任伦理》,《岭南学刊》2005 年第 3 期。
③ 行政框架、模式或者秩序在行政实践中多以某种制度或者制度体系为载体,因此下文中用"制度"一词来概括以上三方面内容。

的方法来为现行政治与行政体制面临的困境寻找解决途径。借此,地方政府获得了一定的制度空间来进行其创新实践,创新所需的权力亦从层层的桎梏中解放出来。

在这种情境下,地方政府已经初步具备了开展创新所必备的权力基础,对于原有制度的评估是其下一步所应进行的准备工作。制度伦理的作用即凸显于这一评估过程之中。

简单来说,制度伦理是指对社会性组织的规范体系和运行机制的伦理要求和反思,即对社会组织制度化、规范化的伦理的思考与建构①。制度伦理本身包含两方面的含义,即制度伦理化——以伦理道德为标准对既有制度进行评判,伦理制度化——将一定的社会伦理要求提升到制度层面,并以制度化的形式在社会生活中加以贯彻执行。

在地方政府创新过程中,制度伦理主要作用于两方面:一方面,制度伦理可以借由制度伦理化的方式来对现有制度进行伦理评析,在原有的效用性和完整性标准的基础上,将以“公益导向”为代表的“合伦理性”纳入到制度的评判标准之中,借此对现有制度作出全面的梳理和评判,真正地找出创新中应该加以突破的“旧制度”和应该予以保留的“经典制度”,防止行政主体以创新之名随意践踏制度,滥用公共权力,侵犯公共利益;另一方面,制度伦理可以对创新过程中所形成的符合伦理性和效用性的路径、措施和方案加以整合和完善,并以伦理制度化的途径将其固化下来,确保创新的可持续性。

由此可见,在地方政府创新过程中,制度伦理是权力运用过程中所凸显出的伦理规范,是确保创新所具备的制度空间可以得到合理使用,创新所形成的成功经验可以得到及时固化的重要基础。

3. 公平伦理:凸显于“利益分配”过程中的伦理向度

正如上文所述,地方政府创新将会必然性地带来利益的重新分配。在创新过程中,各个主体的利益诉求将会不可避免地渗入创新方案的设计中,其中政府的身影尤为明显。

在“责权利”统一的视角下,地方政府承担了创新的责任,行使了创新的

---

① 倪愫襄:《制度伦理研究》,人民出版社 2008 年版,第 13 页。

权力,即应该享有创新所带来的利益。因此,在地方政府创新所形成的整体性利益中,理应存在有一部分为创新主体所享,这种利益可以表现为经济层面的收入增加或开支减少,也可能表现为政治层面的合法性基础的进一步牢固。这种对于政府自利性的满足也是推动地方政府创新的动因之一。

公共性和自利性是政府本身所具有的双重属性,"相较于处于根本属性位置的公共性而言,以追求自身利益为特征的自利性亦属于政府的重要属性"①。自利性产生的根源在于政府作为独立经济个体的"经济人"属性,"地方政府(及其行政人员)的行政行为会因其经济人的属性而受到一定程度的影响"②,表现出"自利性"倾向。

客观地说,政府对于自身利益的追求可以分为合理的和不合理的两种,其中"合理的'自利'是指(地方)政府以维护并增进公共利益为出发点,(在创新过程中)对社会资源的必要占有和使用;不合理的'自利'是指(地方)政府以追求自身利益为出发点,(借用'创新'机会)实现对于社会资源的超量侵占"③。合理的政府"自利性"行为是地方政府发展的必要条件。地方政府在创新过程中合理谋求自身发展的行为无可厚非,并且应当鼓励。

但是在经济人属性的作用下,政府的自利性往往越过"合理"边界,"自身利益最大化"往往成为指导行政行为的主要导向。在地方政府创新这一利益的再分配过程中,创新的"新颖性"和制度空间的弹性无不引发了政府的自利倾向。具体而言,新政策、新措施和新制度等创新所带来的改变,是原有的政治秩序中未曾大规模出现过的,因此,缺少相应的配套监督机制可以对其进行校检和审查,政府的自利性往往借此机会披上"创新"的外衣大行其道;同时,中央政府为创新所预设的弹性制度空间也往往为自利性所用,地方政府借"创新"之名促成自身"实有职能的扩张和应有职能的萎缩"④的趋势日益显现,创新过程中"为谋取政府私利而以强势群体利益取代

---

① 于宁:《政府职能重塑与政府自利性的约束机制》,《中国行政管理》2008 年第 1 期。

② [美]缪勒:《公共选择》,王诚译,三联书店 1992 年版,第 1 页。

③ 王桂云、李涛:《政府自利性与合法性危机》,《社会科学家》2010 年第 8 期。

④ 陈国权、李院林:《政府自利性:问题与对策》,《浙江大学学报》(人文社会科学版)2004 年第 1 期。

公共利益"①的现象屡见不鲜。在创新实践中,能否恪守"不损害公共利益基础上保障自身的存续和发展"这一自利的界限,能否保证创新成果可以真正为广大民众(特别是弱势群体)所享,是摆在地方政府面前的现实问题。

在这种创新所面对的利益分配的困局中,公平伦理的作用凸显出来。所谓公平伦理,即指行政主体在公共行政过程中将公平作为最重要的理念和原则,通过政策的制定和实施来调整和规范行政组织和公职人员的行政行为,协调、整合和分配公民的权利与利益,以切实地保障社会成员能够有效行使平等权利,均衡实现各种社会群体和个人所应享有的利益需求的伦理精神。②

在地方政府创新过程中,公平伦理的作用凸显于创新的利益分配过程中。具体来看,公平伦理本身蕴含着"平等"和"均衡"的双重意蕴,"平等"意味着分配过程中的"非排他性平均",而"均衡"则意味着"对差别的认可"。公平伦理并不等于平均主义,其对于社会中所存在的不公现象并未采取全面否定或视而不见的态度,正如罗尔斯所述,"社会的和经济的不平等应这样安排:使它们:(1)适合于最少受惠者的最大期望利益;(2)依系于在机会公平平等的条件下职务和地位向所有人开放"③。公平伦理所蕴含的这一差别原则为地方政府创新中所难以避免的利益分配困局指出了有效的解决思路。

整体而言,地方政府创新过程中的利益分配困局的根源在于政府自利性与公共行政的公益取向之间的矛盾。在创新实践中,这种矛盾并不会直观地表现为政府对公共利益的直接倾轧,地方政府往往采取偷换概念的方式将"强势群体利益"打上"公共利益"的标签,以与利益集团结盟的方式将自身利益与特定强势群体利益联系起来,通过创新中对于强势群体利益的倾向性回应来达成获取不当受益的目标。同时从功利主义的角度出发,为上述行为披上"符合最大多数人利益追求"的道德外衣,堂而皇之地漠视弱

---

①　刘恩东:《利益群体与地方政府决策——社会转型期国家与社会关系的新视角》,《国家行政学院学报》2008 年第 1 期。

②　周庆国:《行政公平的基本涵义和内在意蕴》,《中国行政管理》2010 年第 2 期。

③　[美]罗尔斯:《正义论》,何怀宏等译,中国社会科学出版社 1997 年版,第 65 页。

势群体的利益诉求。

在公平伦理的视域下,对于创新所产生利益的分配应该遵循以下导向:首先,在整体上创新应以公共利益为最优先考量;其次,创新所产生的利益应可以为社会成员所共享;最后,当利益分配过程中产生不平等的情况下,应着意考量社会中最不利者(弱势群体)是否可以从这种不平等中获得最大收益,如果答案是肯定的,那么这种不平等亦可被视为是"公平"的。

小 结

在本章中,我们对行政伦理与地方政府创新的基本理论做了初步的梳理,厘定了相关的基础概念,分析了两者的理论框架,并对行政伦理与地方政府创新间的契合性进行了简要地解读。

在本章中,我们首先界定了伦理的概念,并通过伦理与道德的概念辨析进一步深化了对于伦理的认识和理解。本文认为,"伦理"指的是处理人际关系(或社会关系)时所应该遵守的相关准则或道理。并在此基础上进一步界定了行政伦理的概念,指出行政伦理是公职人员及行政组织(或系统)在以公共政策为载体的行政活动过程中所应该遵循的价值观念模式和行为道德规范的总和。相较于其他伦理规范而言,行政伦理具备范围的特定性、观念的公共性、作用机理的非交换性和非营利性以及主体的专门性四大特征。行政伦理在行政过程中承载着规范和导向两大基本功能。

随后,我们界定了地方政府创新的概念,指出,(地方)政府或广义的政府部门以维护公共利益,完善自身运行,提高自身社会管理能力,促成政治、经济、文化与社会问题得到有效解决为目的所展开的创造性活动的总称。并在此基础上初步地研究考察了地方政府创新的理论基础、动因及类型、评估标准与发展方向,搭建起了地方政府创新的相关理论框架。

最后,我们对行政伦理与地方政府创新的契合性进行了解析。本文认为,在当前语境下,行政伦理是地方政府创新的矢量标准;地方政府创新则是行政伦理得以实现的现实途径;责任伦理、制度伦理和公平伦理是地方政府创新过程中最为凸显的伦理向度。

　　本章属于全文的理论基础部分。因此,在本章中并未对相关问题直接展开详尽论述,更多的是以"概述性的描述方式"和"悬念式的问题提出"来作为索引,为后文中的研究工作的进一步展开做了初步的理论铺垫。

第二章　地方政府创新的现状审视①

1978 年,中国共产党召开了具有重大历史意义的十一届三中全会,全面开启了改革开放的新时代。中国改革开放的过程是一个政治、经济和社会整体进步的过程,中国共产党和人民政府顺应改革趋势,回应人民需求,一直都重视政治体制改革和政府创新的重要性,并积极推动了"从管制转向服务"的管理革命②。20 世纪 90 年代以来,随着改革开放的不断推进,中国参与全球化的程度日益加深,国家之间的竞争日益激烈,创新能力愈发成为国家竞争的核心要素之一。江泽民在党的十六大报告中提出"创新是一个民族进步的灵魂,是一个国家兴旺发达的不竭动力,也是一个政党永葆生机的源泉"。2005 年 10 月,胡锦涛在十六届五中全会上,提出了"建设创新型国家"战略构想。创新已经成为中华民族伟大复兴战略中的一种高度自觉。创新理念和创新战略被应用到现代化事业的各个层面,其中就包括政府创新的实践。2008 年通过的"关于深化行政管理体制改革的意见",确立了 2020 年的行政改革目标,提出要发挥中央和地方两个积极性,在中央的统一

---

① 在言及地方政府创新的实践这一问题时,我们必须要提及由中央编译局比较政治与经济研究中心和北京大学中国政府创新研究中心联合设计的"中国地方政府创新奖"。创新奖组委会汇集了北京大学、清华大学、浙江大学、吉林大学、四川大学、西安交通大学和深圳大学等高校的数十名专家学者,在全国各地设置了区域性地方政府创新研究中心,总结了大量鲜活的创新案例,以颁发"中国地方政府创新奖"和编撰中国政府创新系列蓝皮书的形式将其中优秀的案例加以大力推广,以"民间"的身份推动了中国地方政府的改革历程。本篇论文中所引用的大量实践数据多来自创新奖课题组的研究成果,在此表示真挚的谢意。当然,本文的文责由作者自负。

② 周光辉:《从管制转向服务:中国政府的管理革命——中国行政管理改革 30 年》,《吉林大学学报》(哲学社会科学版)2008 年第 3 期。

领导下,鼓励地方结合各地实际,积极推动改革创新。2009 年以来,中央提出加强社会管理创新。2012 年,在党的十八大报告中又一次强调了"要在改善民生和创新社会管理中加强社会建设"。地方各级政府在中央政府的倡导和推动下,进行了有益的探索和实验,创新成为地方政府的重要理念和普遍的实践行动。此外,随着改革开放的不断深入和全球化进程的日益加快,中国的市场化改革和社会转型所需要的制度与秩序,要求政府更新施政理念,提高施政效率,改进服务质量,以提供更加优质高效的公共产品和公共服务,这也对地方政府创新提出了要求。这些因素共同推动了中国地方政府创新从理念走向实践。

一、地方政府创新的基础

(一)地方政府创新的思想基础

"三个代表"重要思想是地方政府创新的思想动力。"三个代表"重要思想,强调中国共产党是工人阶级的先锋队,是中国人民和中华民族的先锋队,始终坚持立党为公、执政为民的理念。党的理论路线、方针政策和各项工作以符合最广大人民群众的利益为最高衡量标准。执政党一切工作的根本目的是不断实现好、维护好、发展好人民的根本利益,始终以人民的利益为出发点和落脚点,这为地方政府创新提供了思想动力。

科学发展观是地方政府创新的思想指南。科学发展观坚持以人为本和全面、协调、可持续的发展观,倡导经济社会和人的全面发展。坚持以人为本就是坚持以全心全意为人民服务为执政党的根本宗旨,把依靠人民群众作为发展的根本保障,把尊重人民群众作为发展的根本准则。而要做到发展为了人民、发展依靠人民、发展成果由人民共享,就必须时刻以政府改革来回应人民的需要,以政府创新来满足人民的需要。

(二)地方政府创新的人才基础

党和政府的领导干部是推动地方政府创新的主体。改革开放初期,邓小平首先强调党政干部要实现"四化",改革开放三十多年来,中国发展成就的重要推动力量就是具有革命化、年轻化、知识化和专业化特质的领导干部。年轻领导干部拥有新一代年轻人蓬勃的朝气、创新的勇气,为社会管理带来了活力,为政府创新提供了动力。

干部队伍的知识化、专业化反映了经济市场化和政治民主化对于知识性、技术性领导人才的现实需求。改革开放以来,党扭转了对于知识分子的错误政策,逐渐形成了尊重知识、尊重人才的良好氛围。越来越多接受了高等教育的各类专业人才走向领导岗位,这些知识型领导干部既具有尊重知识、尊重科学、讲求实效和解决现实问题的实干精神,又具备一定的专业知识和改革创新的能力。他们视野开阔,知识结构新,创新精神强,承担着新思想的传播者、旧秩序的改革者、新体制的维护者的角色。与年轻化同步,党的高级干部绝大多数具有大学以上文化学历,硕士、博士以及曾留学海外者也越来越多,知识化特点突出。相对以前理工科教育背景占绝对优势,近几年来,具有法学、哲学、经济学、政治学等人文社会科学教育背景的领导干部比例大幅上升。干部队伍的年轻化、知识化和专业化成为中国政治的亮色,为地方政府创新提供了坚实的组织基础。

(三)地方政府创新的制度基础

1982 年,宪法明确了发挥各级政府的主动性和积极性原则,强调"中央与地方的国家机构职权划分,遵循在中央统一领导下,充分发挥地方的主动性、积极性原则"。同时,将一级立法体制变为两级立法体制,省、自治区和直辖市的人民代表大会及其常委会在不与宪法、法律相抵触的前提下,可以根据本地区实际,制定地方性的政策法规。

改革开放以来,中国在政治领域改革的一条主线是"分权",一方面是国家向社会分权、政府向企业分权;另一方面是中央向地方分权。中央与地方在权力结构配置方面的数次改革,使地方政府获得了对于地方经济资源的控制权、地方经济决策的自主权和地方财政的支配权,因此也就获得了创新的制度基础。分税制改革的实施,以经济发展指标为核心内容的官员考核和晋升体制,以及由此引发的地区经济发展竞争,提供了地方政府追求经济发展的强大动力,而发展地方经济需要政府自身的积极改革,因此,这就调动了地方政府进行制度创新的积极性。地方政府行为自主性的提高和利益自主性的增强,必然使其制度创新的动力和能力得到相应的提高。

二、地方政府创新的主要领域

随着改革开放的不断深化,我国的社会发展呈现出了在政治、经济和文化等方面整体变迁的趋势。作为对社会事务实施公共管理的最基层公共权力机构的地方政府,创新成为其面对政治观念和政治环境变化时最现实、合理的选择。纷繁复杂的社会问题显然无法通过单一的整体性创新方案来加以解答,地方政府创新必然呈现出一种多样性的发展态势,出现于地方政府活动的各个领域。

理论界对于地方政府创新的主要领域的界定大多是基于制度设计的缺陷和政府管理公共事务过程中所总结的症结所在综合而成,其中将地方政府创新行为概括为"政治透明、公共服务、基层民主和政治参与、权力监督和廉政建设、行政效率和公共管理"①的观点较有代表性。而在地方政府创新实践研究中,特别是在基于"中国地方政府创新奖"案例库进行的一系列定量研究中,学者们更加倾向将地方政府创新类型划分为"政治改革、行政改革、公共服务和社会管理"四个类型。

当然,这四个类型基本上囊括了国家政治生活的主要方面,我们在研究地方政府创新的主要领域的过程中,不能直接借用这种分类方法进行总括式的研究,而应该将各个类型的创新行为进行细化区分,找出地方政府创新发生的主要领域所在。

根据何增科教授的研究,以上四类地方政府创新活动可以进一步进行区分,详见下表。

---

① 俞可平:《中国地方政府创新与改革》,《经济社会体制比较》2003 年第 4 期。

表2—1　地方政府创新类型—领域细分①

总体类型	领域细分（各项之间顺序依照隶属该项创新案例在获奖总数中所占比例排列）
政治改革	民主选举、民主管理、政务公开、民主决策、民主监督、立法质量、司法改革
行政改革	提高效率、改善监管、行政问责、节约成本、依法行政、绩效管理、专业行政
公共服务	服务方式创新、保护弱势群体、服务特殊人群、社会保障与社会救助、扶贫济困、基本公共服务均等化、社区服务
社会管理	社区管理、社会组织管理、信访制度改革、流动人口管理、利益协调与纠纷调处、社会应急管理、治安管理

在将地方政府创新由四大类具体划分为 28 个具体领域之后，我们依照"获奖比例、该领域发展趋势和公众关注程度"②进行综合考量后，将政务公开、民主决策；提高效率（行政审批）、行政问责；服务方式创新；社区管理和信访制度改革确定为该创新类型中的主要创新领域。

（一）政治改革类创新中的主要领域：政务公开与民主决策

1. 政务公开

政务公开即指政府的政治事务和政治活动在法律规定的范围内向公民

---

① 整理自何增科：《中国政府创新的趋势分析——基于五届中国地方政府创新奖获奖项目的量化研究》，《北京行政学院学报》2011 年第 1 期。

② 之所以未单纯按照创新奖获奖比率来进行界定，是因为我们不能避免在创新奖申报以及评选过程中出现偏好性的导向差异。同时，因为有部分创新领域有一定的特殊性（如"民主选举"领域的创新案例虽然获奖比率较高，但其推广性至今未获得突破，大多数创新实践始终停留在创新案例发生地，且近年来本领域的创新案例发生较少，所以在这里暂将其排除在创新的主要领域之外）无法大力推广，且近年来发展态势偏弱，所以在这里依照获奖比例、发展趋势和公众关注程度对地方政府创新的主要领域进行文中的初步界定。

公开。公民有权根据自己的需要和利益了解除国家机密以外的政府信息、法律法规和决策过程,并监督政府及其组成人员的工作行为,评价其工作效果,提出自己的观点和意见。政务公开作为一种现代的政治事务和政治现象,是社会发展到一定阶段的产物,它的产生和发展是世界政治民主化、经济市场化的结果,并且是一个渐进的过程。"向社会公开信息,是执行政务者的义务和职责,获取信息和监督政府是公众的基本权利。"[①]现代的政府管理不能是封闭的管理,它需要一个面向公众的开放信息系统。如果说行政的封闭性是传统社会行政管理的特征,那么,以推动社会进步为己任的现代行政管理就应该把政务公开作为重要目标和显著特征。实行政务公开是保障公众的知情权、参与权,发展社会主义民主政治的重要途径。实行政务公开,对于推进我国政府管理体制改革,完善中国特色的社会主义民主政治,预防和惩治腐败等具有积极的意义。因此实行政务公开就成为提高政府执政水平,增强政府执政能力的必然要求,也是地方政府创新的重要领域。

当前我国正处于完善社会主义民主政治,建设社会主义政治文明的重要时期,地方政府的政务公开必将为民主化进程的深入推进提供助力资源。地方政府的政务公开创新可以从以下几个方面着力。一是建立和完善听证制度。听证是政府在作出影响公民权益和利益的决定之前,由公民表达意见、提供建议,政府听取意见、调整法律和政策的机制。在政务公开过程中采用听证会的形式加强与民众的沟通,有利于增强政府和民众的相互理解和相互信任,减少政策的执行成本;二是完善新闻发言人制度。新闻发言人制度是推动政务公开,增进政府部门与社会公众相互联系的重要手段,政府新闻发布会是公众了解重要决策依据、重大事件进展情况的权威渠道。

2. 民主决策

民主决策就是指决策过程的民主化,即在政策制定过程中充分保障利益相关方的知情权和参与权,尊重群众意愿,听取群众意见。公共政策因其特有的公共性和强制性,而直接影响到公民的生活,因此与政策有利害关系的公民都应当了解、参与决策过程。"民主是一种管理体制,在该体制中社

---

① 　蔡伟民等:《政务公开:理论与实践》,中国农业出版社 2009 年版,第 17 页。

会成员大体上能直接或间接地参与或可以参与影响全体成员的决策"①。公民参与可以使公民的偏好在决策过程中得到表达,保证公共服务更符合其需求,有助于形成一个更开放、更具回应性的公共官员体系,从而增强政府与民众的良性互动。当前我国仍处于由传统决策体制向现代决策体制转变的过程之中,离决策民主化的现代目标仍有较大差距。民主科学的决策程序并未建立起来,在实际的决策过程中,未经详细研究论证,未经认真理论分析,未经广泛征求意见,少数领导者"拍脑袋决策"的情况时有发生。决策观念和程序的滞后影响了公共政策的质量,甚至侵害公民权益,激化社会矛盾,影响社会和谐稳定。因此,推进民主决策,提高决策质量,就成为地方政府维护社会稳定的必然要求,也是地方政府创新的重要领域。

当前我国处于完善社会主义市场经济体制、全面建设小康社会的关键时期,根据市场经济发展的内在要求与和谐社会的内在属性,进一步推进决策的民主化,提高公共政策制定的质量和水平,是地方政府创新面临的一项紧迫而艰巨的任务。在地方政府创新过程中,为进一步推进民主决策,可以从以下两个方面入手。首先,要更新决策理念,树立现代决策观念。推进民主决策,转变观念是基础。地方政府必须从转变决策观念入手,破除各种不适应市场经济新要求的旧观念,树立紧跟时代潮流、体现和谐社会要求的现代决策观念。其中包括重视民众参与的民主决策观念,重视专家论证的咨询决策观念,重视调查研究论证的科学决策观念等。其次,要严格遵循民主决策的程序。决策程序是决策过程中各环节和步骤的逻辑顺序,决策程序揭示了决策活动的规律,遵循决策程序是实现有效决策,体现民主决策的必然要求。在现实生活中,遵循民主决策的程序就是在政策的议程、政策的规划、政策的出台、政策的执行和政策的反馈等各个环节均尊重民众的知情权,保证民众的参与权。

---

① 〔美〕卡尔·科恩:《论民主》,聂崇信译,商务印书馆 2004 年版,第 10 页。

（二）行政改革类创新中的主要领域:行政审批与行政问责

1. 行政审批

行政审批是政府配置资源,管理经济和社会的手段。一方面,行政审批是政府为应对市场失灵和社会失范而对经济和社会采取的必要管理手段;另一方面,如果滥用行政审批权,会增加市场交易成本,抑制社会创新动力,抑制市场创造活力,阻碍经济社会正常发展。现行的行政审批制度是计划经济体制下的产物,这一制度曾在发展经济、管理社会事务方面起过积极作用。但随着中国社会主义市场经济体制的建立和完善,市场化程度的不断提高,对外开放的深度和广度日益扩展,现行行政审批制度的弊端日益显露出来,并成为权力寻租和官员腐败的重要原因。改革行政审批制度是建立和完善社会主义市场经济体制的需要,也是履行世贸组织协议,与世界通行规则相衔接的需要。① 因此,加快行政审批制度改革就成为地方政府服务经济社会发展的必然要求,也是地方政府创新的重要领域。

当前我国处于大幅度改革行政审批制度、减少审批程序、提高审批效率的重要时期。行政审批制度改革是一场"政府的自我革命",也是行政体制改革系统工程的重要组成部分。我国的行政审批制度改革应着力于清理、削减审批项目,这与加入 WTO 之后要求政府放松规制的要求是一致的。对行政审批项目的清理,可以以三个层次的内容为标准②:第一,从严格遵守法律的前提出发,依据现行的法律、法规,修改或废止那些与社会主义市场经济发展不相适应的审批项目、审批程序;第二,从维护公共利益的目标出发,根据公共利益而不是行政管理者自身的利益去审查行政审批项目,对于那些服务于政府自利性的行政审批项目,立即加以废止,对于那些可能造成不同利益集团、利益阶层之间利益倾斜的,立即加以修改;第三,从构建服务型

---

① 徐湘林:《行政审批制度改革的体制制约与制度创新》,《国家行政学院学报》2002 年第 6 期。

② 参见张康之:《行政审批制度改革:政府从管制走向服务》,《理论与改革》2003年第 6 期。

政府的目标出发,对行政审批项目加以清理,对管制取向的行政审批项目加以废止,对管理取向的项目加以完善。

2. 行政问责

行政问责指行政问责主体按照既定的程序和法规,要求政府官员就其行政决策、行政行为和行政结果进行解释说明和接受失责惩罚的制度机制。行政问责具有鲜明的回应性,在现代民主政治条件下,公共权力必须置于权力所有者的监督与控制之下,政府官员作为权力的行使者必须向权力的所有者即公民解释其权力行使方式、行使结果的正当性。2004 年国务院颁布的《全面推进依法行政实施纲要》明确规定:"行政机关违法或者不当行使职权,应当依法承担法律责任,实现权力与责任的统一。依法做到执法有保障、有权必有责、用权受监督、违法受追究、侵权要赔偿。"行政问责制有利于强化政府及其及其组成人员的责任意识,有助于建立廉洁高效的责任政府,树立公务员队伍的良好形象。政府的一切权力都是民众赋予的,民众赋予的权力要用来为民众服务,在注重民主、强调法治的国家里,一个责任政府必须接受人民的监督和问责。因此,建立和完善行政问责机制,树立公务员队伍的良好形象是政府取信于民的必然要求,也是地方政府创新的重要领域。

当前我国已进入改革攻坚的关键时期,经济体制深刻变革,社会结构深层变动,利益格局深度调整,思想观念深刻变化,加强责任型政府的建设是深化改革,攻坚克难的重要内容。地方政府的行政问责创新可以从以下三个方面展开:一是健全问责主体。以人大监督为主导,以舆论监督为基础,各民主党派、社会公众等多方有序参与、相互配合形成行政问责的合力。二是明确问责客体。凡是掌握公共权力的政府部门及其工作人员,都必须对公众负责,都应被纳入行政问责的客体范围。应完善职位分类,坚持权责一致原则,改变权责不对等状况。强化公务人员的责任观念,明确责任主体和责任身份。三是界定问责内容。如有令不行、有禁不止,不履行法律法规规定的义务,不贯彻执行党和国家的方针、政策,违反法律法规禁止性规定;独断专行、决策失误,涉及本地区、本部门经济社会发展,或人民群众的切身利益的重大事项,不按程序开展论证、听证、专家咨询、集体决策而造成社会矛盾等事件要进行问责。

(三)公共服务类创新中的主要领域:服务方式创新

为公众提供公共服务是政府所应该承担的基本职能之一。政府提供公共服务的过程,就是借由各种公共服务方式达成满足公众需求的过程。由此可见,公共服务方式是影响公共服务质量的重要因素。"随着中国社会的快速转型,公共需求的层次和特征都发生了较大的变化,其需求层次逐渐由生存型过渡为发展型,需求特征亦日益向多样化、个性化、法治化转变,公民开始审视自己在社会生活中所应享有的各种权利,表现出了对于高质量生活的追求"①,以往的统一式公共服务方式已经不能满足公民的多样化需求,各种不同的需求必须由不同的服务方式所提供。同时,多元化的公共需求所指向的服务主体也并非固化为"政府"本身,市场在公共产品供给方面的效率性与成本优势与社会组织在提供服务过程中的及时性和针对性都是政府所无法比拟的,公共服务主体的多中心化必定引发公共服务方式的变迁。公共服务需求的复杂化和公共服务主体的多中心化决定了公共服务方式必然呈现多元化的趋势。

目前,多年的改革历程已经为我们提供了实现公共服务多元化的现实基础②,公共服务的多元化改革已经成为了可能。在当前我国的公共服务实践中,涌现出了政务大厅、电子政府、合同外包、特许经营、凭单制度、社区供给和自主供给等多种服务方式。总体而言,以"一站式供给、电子化供给、市场化供给和社会化供给"③为核心的多元化公共服务体系的构建工作,是服务型政府建设的重要环节,也是地方政府应着力创新的方向所在。

---

① 赵白鸽:《以人的全面发展为中心 加快建立公共服务体制》,载于中国(海南)改革发展研究院:《中国公共服务体制:中央与地方关系》,中国经济出版社 2006 年版,第35—42 页。

② 具体而言,市场经济的日益完善为公共服务多元化提供了经济基础、社会主义法律体系的逐渐完善为政府职能的外移提供了制度保障、非政府组织的高速发展为公共服务多元化提供了组织基础、而公民素质的显著提升为公共服务多元化提供了群众基础。

③ 陈奇星、胡德平:《政府公共服务方式的多元化选择:趋势与策略》,《上海行政学院学报》2011 年第 5 期。

（四）社会管理类创新中的主要领域：信访制度改革与社区管理

1. 信访制度改革

"信访"原意为群众来信、来访，是一种具有中国特色的民意传达机制。历经六十余年的建设历程，信访工作的定位和方法都发生了较大转向，信访制度建设逐渐完善，基本上已经构建起了横向上涵盖党委、政府、人大、法院和检察院，纵向上贯穿县级以上人民政府等公共权力机构的完整体系。信访工作已从原有的单一部门管辖的专项治理工作升格为需要从社会主义和谐社会建设的总体布局，从党和国家全局高度进行考虑的多主体综合治理工作。

但是我们必须认识到，信访制度设立的目的——"批评和检举官僚主义作风造成的具体问题""为个体群众提供超越行政层级与程序解决问题的渠道"与其制度化中所出现的规范化、法治化和体系化的内核之间存在不可避免的矛盾。信访制度面临着"肩负反官僚主义功能的信访制度本身的官僚化"[1]的困境，并直接引发了以"异化曲解'维稳'意蕴""过于强调行政权力支持"和"运行机制单向僵化"为特征的"信访悖论"[2]。同时，信访机构依旧属于诉求信息接收站和中转站，其所担负的仅为"受理、交办、转送、协调、督查和指导"等职权，其对信访对象仅有不具约束力的"建议权"。这样就造成了信访部门无法对信访诉求进行及时的答复和有效的解决，进而很大程度上造成群众的误解，直接将其阐释为信访机构的"不作为"现象。信访制度的改革势在必行。

"信访工作是党和政府的一项重要工作，是构建社会主义和谐社会的基础性工作"[3]，信访制度改革是当前维稳工作的重要组成部分。目前，各地各信访部门以及地方政府所摸索出的人大监督、信访听证和基层访谈等源于

---

① 唐皇凤：《回归政治缓冲：当代中国信访制度功能变迁的理性审视》，《武汉大学学报》2008 年第 4 期。

② 张海波等：《社会管理创新与信访制度改革》，《天津社会科学》2012 年第 3 期。

③ 《中共中央、国务院关于进一步加强新时期信访工作的意见》中发［2007］5 号。

实践、与时俱进的新思路、新方法和新模式的广泛传播和应用也为中国特色的信访制度建设的深化和完善提供重要保障。地方政府在信访制度改革的过程中应着力确保其改革思路由"扩权向扩容的转向"①。

2. 社区管理

随着社会主义市场经济体制的逐步确立,自 20 世纪 90 年代开始"单位"所承载着的诸多社会事务逐渐被剥离出来,按照属地原则交由居民的所在地负责管辖,这也是社区这一概念的由来②。作为社会管理的基本单元,社区是生活在一定地域范围内的人们基于共同的利益和需求而通过相互间的密切交往所构成的社会生活共同体。社区管理是居民所能切身感受到的最直观的公共事务管理实践,其质量与效率直接关系到居民的切身利益。

作为最基层的社会管理层级,社区是居民参与社会管理的重要平台,其在调解社会矛盾、化解社会问题、规范社会行为方面具有其他组织不可比拟的优势。作为规模最小的社会管理区域,在社区内进行的社会管理创新的方案设计、过程控制和效果反馈都相对较容易,是改革的沃土。作为最直接的社会管理环节,社区可以最大限度地把握居民最关心的社会问题,了解社会发展动态。因此,应将社区管理列为加强和创新社会管理的起点。

目前,社会管理面临着"街道办事处与社区之间职能错位、功能重叠和职责不清等界限模糊的问题"③,同时出现在我们面前的还有"行政管理人员的缺乏、官僚政治的障碍、所承担职责过多、缺乏稳定充足的资金来源、法律

---

① 在传统意义上,信访制度的改革主要依靠扩充信访机构的行政权力以改变"弱势机构解决弱势群体问题"的境况,无疑,这种措施是有效的,但是这种做法阻碍了社会主义法治建设的步伐,造成了"信访不信法"乱象的蔓延。于是,倾向于依靠改组信访运行模式、将公民、人大以及职能部门纳入到信访体系之内的扩容思路成为了信访制度改革的新兴方向。参见李靖、钟哲:《从扩权到扩容:社会管理创新视角下信访制度改革的思路转向——以吉林安图为例》,《长白学刊》2013 年第 1 期。

② 这一说法主要源于《人民政府关于在全国推进城市社区建设的意见》中关于社区建设必要性的描述,"(社区建设的历史必然性)源于单位制度的瓦解和大量农村人口涌入城市"。

③ 王兴华、霍克:《加强和创新社会管理体制改革》,《新长征》2011 年第 12 期。

地位较为模糊、成员的关心与参与程度不足"①的困境。如何通过体制与机制的创新来逐步改善和提高社会管理与服务的质量,促成社区这一居民与社会组织参与社会管理实践的平台的构建和完善,争取早日达成居民广泛参与、自治管理的社区管理向社区治理格局的转变,是地方政府所应关注的重中之重。

三、地方政府创新的特征

(一)地方政府创新的动因具有复合性

正如我们在前文所总结的那样,在理论层级,我们可以从创新者的视角来将地方政府创新的动因总结为"利益驱动"和"压力驱动"两个方面。而在地方政府的实践创新活动过程中,我们必须要增加一些现实变量来进行考量。首先,社会主义市场经济发展的内在逻辑和要求是地方政府创新的根本动力。计划经济模式之下的政府必然是"全能政府"和管制政府;市场经济对地方政府的管理体制和管理方式提出了越来越高的要求,而与之相适应的只能是有限政府和服务政府。其次、政治发展的客观规律是地方政府创新的内在动力。就公共管理学与政治学的发展脉络来看,其大体上遵循的是一种由专制向民主、由人治向法治、由集权向分权,由封闭向参与的发展规律,这是由社会发展的客观现实所推动的,也是地方政府创新的必然方向。再次,地方政府间的竞争是地方政府创新的直接动力。中央政府一方面通过财政转移支付和稀缺资源的分配来影响地方政府的行为;另一方面则通过建立以经济指标为核心的官员考核和晋升制度来激励地方的决策者。这就激励地方政府通过制度创新和政策创新来吸引各类资源和市场要素流入该地区,以增强自身的竞争优势,追求更高的经济指标。此外,地方

---

① James Derleth & Daniel R. koldyk :The Shequ Experiment: Grassroots Political Reform in Urban China, *Journal of Contemporary China*, Vol. 13, No. 41, 2004, pp. 747—777. 转引自吕增奎主编:《民主的长征:海外学者论中国政治发展》,中央编译出版社 2011 年版,第 277—305 页。

官员的责任意识、服务意识和创新意识也是地方政府创新的重要动力。随着干部队伍年轻化、知识化和专业化的进一步实施,大量有知识、懂业务、谋创新的人才走上领导岗位,积极领导该地区的创新活动。最后,国际政治、经济、文化形势借由全球化和信息化的浪潮推动日益成为地方政府创新的环境动力。

(二)地方政府创新的内容具有多样性

根据对于"中国地方政府创新奖"历年入围奖项的分类,俞可平教授归纳了政府创新内容的十六个方面:改善政府的公共服务体制,提高公共服务质量,建设服务型政府;简化审批,减少管制,提高效率,方便群众;实施扶贫政策,建立社会救助制度,维护弱势群体权益;扩大社会保障范围,促进公平正义,推动社会和谐;推行村民自治,改善农村治理机制,促进农村城镇化转型;逐步扩大竞争性选举,推进民主政治向深入发展;推进行政机关自身改革,确立依法行政和法治政府目标,切实提高政府机关效率;充分发挥现行体制优势,积极探索协商民主的新形式,推进政府决策的民主化;化解社会矛盾,加强社会治安,维护社会稳定;推行政务公开,建设阳光政府;拓宽监督政府权力的渠道,加强对公共权力的有效监督;完善国有资产管理的体制机制,防止国有资产流失,提高国有资产收益;改革社区管理体制,促进城市居民自治;扩大公民有序参与的渠道,深入推进人民民主;改革民间组织管理体制,发挥公民社会的建设性作用;推广电子政府,提高行政效率,改善公共服务质量[1]。

(三)地方政府创新的主体具有多元性

根据五届"中国地方政府创新奖"获奖项目的定量研究,何增科教授在分析了 2000 年以来地方政府创新的演变趋势后认为地方政府创新主体具有多元性。执政党的机构、行政机构、人大和群团组织是活跃的创新主体。执

---

① 俞可平:《我们鼓励和推动什么样的创新——对 113 个"中国地方政府创新奖"入围项目的小结》,载俞可平主编:《政府创新的中国经验——基于"中国地方政府创新奖"的研究》,中央编译出版社 2011 年版,第 8 页。

政党的机构在政治改革类创新活动中居于主导性地位,而且在与政府联合推动的行政改革类创新、公共服务类创新和社会管理类创新方面也表现活跃。行政机构在社会管理、行政改革和公共服务类政府创新中发挥了主导性作用。人大在民主监督和民主选举等政治改革类创新活动中的作用日趋重要。群团组织在实施内部选举、维护所代表群体利益等方面的创新活动中有着重要影响①。

(四)地方政府创新的结果具有实效性

首先,地方政府管理辖区内的公众受益。地方政府创新的直接受益人便是辖区内的公众,公众从政府创新活动中得到了切实的利益。例如,地方政府在民主决策领域的创新活动使公众有机会直接参与到公共政策制定和实施中来,民众的偏好在政府决策制定中得到了体现,民众的利益在政府决策的执行中得到了保障;其次,地方政府政府辖区内的企业获益。例如,地方政府在行政审批领域的创新活动,改善了投资软环境,为企业节约了时间和成本,提高了效益;最后,政府本身得益。例如,地方政府在政务公开领域领域的创新,保障了公众的知情权,增强了民众对政府的信任和支持,缓解了民众与政府的紧张关系,促进了社会的稳定和谐,使得政府决策的贯彻执行更加方便。此外,"政府官员也在创新过程中尝到了甜头,对获奖项目的跟踪调查发现,近三分之二的负责官员都得到了提升,或调动后的职务更重要了"②。

四、地方政府创新的影响力

(一)地方政府创新提升了政治合法性

合法性是政治学的关键命题之一,一般意义上的合法性是指公众对政

---

① 何增科:《中国政府创新的趋势分析——基于五届"中国地方政府创新奖"获奖项目的定量研究》,《北京行政学院学报》2011 年第 1 期。
② 吴建南等:《中国地方政府创新的动因、特征与绩效——基于"中国政府创新奖"的多案例文本分析》,《管理世界》2007 年第 8 期。

治统治的认可与支持。亦有学者将增强政治合法性的途径具体总结为以下八种："发展经济,富国强民;改善收入分配、促进社会公平;建立廉洁和透明政府;提供优质高效的公共服务;增强道德正当性;推动选举民主和代仪民主;推进协商民主;建设法治国家,增强权力合法性。"①地方政府的创新举措一定程度上增强了民众对政府的信任和支持。地方政府创新在各个领域都以不同的方式维护了政治合法性。

政务公开领域的政府创新增强了政府工作的透明程度,工作的透明性和公开性有助于赢得群众信任,获得群众支持,因而透明和公开,加强了政治合法性。此外,政务公开使群众明晰了政府各项收入支出的内容和数目,政府的税费征收因为公民的信任而变得更加容易执行,各项政策也因公民的支持而更加容易推行,因而经济社会发展也更快,由此形成的良性循环提升了政治合法性。

民主决策领域的政府创新强化了公民在决策过程中的发言权,提高了政府决策的科学化和民主化水平,降低了决策成本,减少了决策失误,回应了民众诉求,化解了社会矛盾,密切了党群、干群关系。"公民参与本身使得决策过程更加合理,更加容易考虑到各方面的利益和要求,从而增强了决策的合法性。"②

行政审批领域的政府创新降低了政府运行成本,丰富了公共产品的内容,改进了公共产品的质量,提高了政府办事效率,这在很大程度了满足了公民需求,增强了政治合法性。此外,这一领域的政府创新行为为企业提供了便捷高效的审批服务,改善了本地区投资软环境,有利于本地经济发展,而经济发展提高了政府的政治合法性。

行政问责领域的政府创新提升了政府的公信力和责任性,冲击了"官本位"的传统行政思维,进而推进了"民本位"现代理念。行政问责制使所有的政府公务员特别是领导干部更加注重与公民的沟通,更加尊重公民意志,更

---

① 何增科:《政治合法性与地方政府创新——一项初步的经验型研究》,《云南行政学院学报》2007 年第 2 期。

② 何增科:《政治合法性与地方政府创新——一项初步的经验型研究》,《云南行政学院学报》2007 年第 2 期。

加关注公民利益,有助于形成"以民为本"的行政文化,从而有助于减少政府与公民的疏离感,增加公民的政治效能感,增强政治合法性。

服务方式多样化领域的创新提高了公共服务的质量,降低了服务成本,节约了社会资源,以多元化的服务主体和多样化的服务方式从多方面满足了公民的对于公共服务的需求,从而增加了政治合法性。而同时,开放的公共服务领域为民营企业等市场主体提供了更加广阔的空间,拓展了其经营范围,以促进经济发展的方式增加了其政治合法性。

信访制度改革领域的创新畅通了公民实现政治参与的重要渠道,建构了有中国特色的民主实现和权益救济制度体系,有效地化解了人民内部矛盾,确保了公民对公共权力的监督可以落到实处,反映了公民呼声,维护了公民权益,保障了公民权利的有效实现,拉近了政府与公民的关系,为两者之间的良性互动提供了平台,增强了政治合法性。

社区管理领域的创新完善了公民参与社会管理的平台,为公民以治理主体的身份参与政治生活提供了畅通的途径。社会管理的创新还在一定程度上同时还协调并理顺了社会关系,减少了社会争端,降低社会矛盾激化的可能性,解决了社会问题,保障了公民的安居乐业,提升了公民的生活质量,维护了社会的和谐与稳定,增强了政治的合法性。

(二)地方政府创新推动了治理方式的变革

经济领域的市场化改革和政治领域的民主化改革推动着地方政府的创新实践,这些实践活动推动政府治理理念、治理方式和政府职能从传统的管制型向服务型转变。

地方政府的创新实践推动了政府施政方式由管制转向服务。由过去行政审批内容庞杂、程序繁琐、效率低下转向简化行政审批程序、方便、高效快捷;由过去政务封闭转向政务公开透明;由过去领导个人决策、政府封闭决策,转向集体决策决策、民主决策、开放决策;由过去政府较少承担责任的刚性行政转向政府积极承担责任的弹性行政。

地方政府的创新实践推动了政府职能从管制转向服务。政府不同于企业,不能以追求经济增长最大化为目标,地方政府的创新实践促进了地方经济社会的均衡发展和协调发展。行政审批制度改革、决策民主化实践、政务公开的举措和行政问责制度的实施明确了服务型政府的理念,塑造了服务型政府的结构,强化了服务型政府的职能,促进政府从注重管制转向注重服务。近年来,中国政府在明确提出"经济调节、市场监管、社会管理、公共服务"四项基本职能的基础上,进一步提出要将社会管理和公共服务摆在更加显著的位置。地方政府在各领域的创新实践无疑是对服务型政府职能的积极回应和认真践行。

五、地方政府创新面临的问题

(一)创新动力如何持续——地方政府创新的动因异化问题

从最直接推动地方政府创新实践活动的创新者的角度来审视,地方政府创新的动因即为来自预期收益的"吸引力"与来自所处困境的"推动",即利益驱动与压力驱动。从理论上来看,在类似于当前中国社会的"高速发展期和矛盾多发期"的社会模型中,地方政府创新多呈现出压力驱动为主、利益驱动为辅的形态,而随着社会的不断完善与发展,两者之间的主次关系会发生逐步的相互转变,而无论在哪一个时期,"推动地方政府创新的最直接动力都应为政府官员的责任心和进取心"①。但在现实层面的地方政府创新进程中,这两类动因的推动作用虽然都得到了证实,但是两者都产生了一定程度的异化现象。针对创新者而言,其很容易将这两种动因的驱动力加以最直观的理解,即利益驱动代表发起创新驱动后"能得到什么",而压力驱动则代表如果不发起创新则可能会"失去什么"。在这种博弈过程中,创新者很容易将自身可能在评价考核和职务升迁等方面获得的收益与创新活动直接地联系起来,从个人收益最大化的角度来评估地方政府创新行为;同时,基于压力所被迫采取的创新尝试更多地被视为一种对于个人利益的保护,且单纯基于压力而驱动的创新活动本身即为一种应激性反应,其时间上的仓促性、内容上的随意性、程序上的无序性和对象上的过度针对性等缺乏科

---

① 俞可平:《论政府创新的若干基本问题》,《文史哲》2005 年第 4 期。

学性的表现是其无法回避的特征,并且在困境得到解决的情况下,由压力所引发的创新尝试极有可能会迅速消亡,创新的持续和推广更无从谈起。究其原因来看,异化产生的根源无疑是创新者本身的双重属性①之间的矛盾。这种对于创新动因的异化理解会极大地阻碍地方政府创新的正常展开。当创新者将地方政府创新视为获得晋升的"重磅砝码"或摆脱困境的"救命稻草"时,其所担负的公共管理职务和行使的公共权力背后所隐含的"应该做什么的"的责任伦理层级的思考,往往为个人利益的耀眼光芒所掩盖埋没。

(二)创新效用如何维系——地方政府创新的可持续性问题

地方政府创新的可持续性是指"地方政府作为创新主体,通过控制、协调创新各要素,从而维持和增进创新的长期公共利益的过程"②,其中"地方政府创新得以维持,并向制度化方向进展的机构性力量"被称为持续力③。而在我国的创新实践中,地方政府创新的可持续性并非基于制度性固化得以保障,而是更多地依赖于创新者④的行政权威。地方官员对政府创新的可持续性有着关键性影响。创新者对创新活动持续的推动,是创新得以持续的关键性因素。如果其不再继续推动该项活动,那么这项创新很可能会中止。创新者职位的调动往往也意味着一项创新的中止,因为继任者从前任的活动中所获取的个人收益是有限的,这导致继任者很难继续推进前任的创新活动。此外,政府创新活动有着一定的成本风险,只有那些具有创新意愿、创新能力和创新勇气的地方官员才是创新的推动主体,"我国地方政府治理制度创新中最稀缺、最宝贵的资源,是有创新意识的地方干部。他们是地方政府治理制度创新的发起者和主要推动者,承受着巨大的政治和经济

---

① 创新者身份的双重性指的是创新者既是社会生活中的经济人,又是行使公共权力的公共人,其行动的导向亦既有自利性,也有公共性。

② 王焕祥:《中国地方政府创新与竞争行为、制度及其演化研究》,光明日报出版社2009 年版,第 184 页。

③ 韩福国等:《中国地方政府创新持续力研究》,《公共行政评论》2009 年第 2 期。

④ 在很多创新实践中,发起者和创新者并非同一概念,一般认为,发起者更多地指推广创新理念的"上级领导",而创新者则指地方政府的具体实践人员。

风险"①。这种"人走政息"的困境是我国浓厚的"人治"政治传统在地方政府创新领域的直接体现,以制度形式固化创新成果,维持创新持续力的道路依旧漫长。

(三) 创新方向如何保障——地方政府创新的可推广性问题

地方政府创新的可推广性是指地方政府已经取得的经验和成果对于其他地区的适用性和借鉴性。如果一地的创新措施不具有普遍推广的可行性,那么该项创新的社会价值和社会意义就有很大局限。同时,影响创新项目推广的因素是多方面的。第一,由于创新成本过高,而不具有可推广性。有些创新活动需要投入较大的物力财力,而城乡之间、区域之间的经济发展水平存在很大差异,发达地区的创新经验在向欠发达地区推广时将面临成本过高而无法推广的困难。第二,由于旧体制的惰性过大,增加了创新项目推广的难度。"这种惰性一般是通过政府存在的一系列弊端表现出来的","包括官本位、小团体利益、家长式的管理方式、官僚主义、腐败等。在这些弊病所体现的旧体制的惰性没有根本改变之前,地方政府创新活动的深入发展是很困难的"②。第三,由于"创新"并非以公共利益为出发点,其所代表的仅为特定机构的"部门利益"或特定范围的"个体利益",所以其并无可广泛推广的价值意蕴。在影响地方政府创新可推广性的三个因素中,经济因素的差异和行政陋习的缺陷都可以通过政府的扶持和调控在相对较短的时间内解决,而公平理念的缺失则是伦理价值方面的,很难在短时间内通过政策指令的方式加以改观。一项政府创新活动是否具有"能为群体中不特定个体所享有"的公共利益导向,是创新活动可推广性,甚至创新本身最为根本的衡量标准。

---

① 高新军:《我国地方政府制度创新项目何以能够做到可持续发展》,载俞可平主编:《政府创新的中国经验——基于"中国地方政府创新奖"的研究》,中央编译出版社2011年版,第243页。

② 李景鹏:《地方政府创新与政治体制改革》,《北京行政学院学报》2007年第4期。

小　结

在本章中,我们对国内地方政府创新活动创新实践进行了解读,总结了创新的基础、主要领域、特征、影响力以及面临的问题,勾勒出了地方政府创新的现实缩影。结合第一章对于地方政府创新相关理论框架的研究,我们对于地方政府创新认识逐步趋于完整。我们试以图2—1来呈现两者之间的关联。(见下页)

我们不难看出,无论是在创新基础、创新动因、创新类型、创新热点方面,理论研究与实践工作之间均表现出了一定的差异性。这种差异性是由两者所承担的不同任务所引发的,并不代表着两者之间的相互背离,其展现出来的更多的是理论现实化过程中的碰撞与融合。地方政府创新既是公共管理学的理论成就,亦是管理实践的经验结晶。理论研究与实践工作犹如一枚硬币的两面,不同的纹路包含着着共同的内涵,两者之间相互支持、相互补充,共同组成了对于"地方政府创新"现状的完整认识。

在对"地方政府创新"有了相对完整的认识的基础上,我们可以清晰地发现:尽管侧重点和表述方式略有差异,但是在"评估要点与问题"这项上,"理论"与"实践"达成了共识,双方均认可"动力保障(由谁推动)""创新效用(怎样持续)"和"创新方向(谁将受益)"是地方政府创新亟待解决的问题。

本章的主要内容是对于地方政府创新实践的审视。本章中对于创新现状的梳理与第一章中创新理论框架的总结共同构成了当前地方政府创新的全息影像。这种理论与现实兼顾的全景研究是我们对地方政府创新展开深入研究的必要基础,借此所导出的创新困境亦是后文所要展开研究的重点所在。

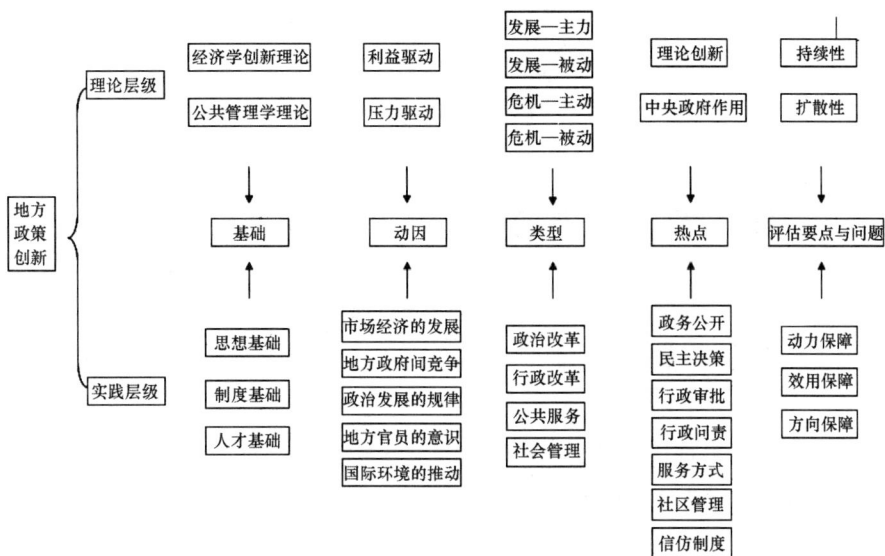

图2—1 地方政府创新的理论框架与实践解读

第三章　地方政府创新的行政伦理解读

一般来说,我们可以将地方政府创新视为地方政府在受到来自政治、经济、文化与社会等多方面的严峻挑战时所采取的更新自身管理模式的改革行为。作为一种理论,地方政府创新发端于经济学领域;而作为一种实践,其完全根植于公共管理活动之中,属于公共管理自我进化的重要途径。在这种视角下,我们不能人为地将地方政府创新同公共管理分离开来,只有在对公共管理发展的历程与方向进行整体性把握的基础上才能真正全面地展开对地方政府创新的研究。

从历史沿承考察,公共管理脱胎于公共行政,是对公共行政的继承与发展,两者间具有密切的关联。在从公共行政到公共管理的发展过程中,以政府为核心的公共组织逐渐开始注重公众对"公平、正义、民主、责任、公民身份和公共利益"等伦理价值层面的诉求,效率已经不再是其所关注的唯一目标。在这种情境下,构建一种"政治—伦理"的总体视野,为以地方政府创新为代表的政府改革提供价值层级的指导已是理论界的当务之急。在本章中,我们将从公共管理的伦理转向出发,重新解读地方政府创新的意蕴所在,对地方政府创新活动中所应蕴含的伦理价值加以初步探寻。

一、公共管理的伦理转向

从词源的演变角度来看,"公共管理(public management)"作为一个学术概念是由公共政策学者于 20 世纪 70 年代所提出的。学界对于公共管理的理解主要分为三种:公共管理与公共行政并无明显区别[1];公共管理属于

---

[1]　David H. Rosenbloom, *Pubilc Administration: Understanding Management, Politice and Law in the Public Sector.* The McGraw-Hill Companies, Inc., 1998.

74

公共行政的分支学科,其适用范围多集中于方案设计、政策制定、人力资源管理、项目审计与评估等方面①;公共管理属于一种区别于传统公共行政的途径、框架及范式②。

在本文中,较为同意的是第三种观点。即公共管理是一种促使以政府为核心的公共组织更有效地提供公共产品和公共服务、维护公共利益的多元化公共事务治理模式。

虽然公共事务已经普遍存在,但是把公共事务管理作为特定的领域,对公共管理机制和管理过程展开研究却是近代以来的事情。19世纪末,在对政府管理公共事务的机制和过程进行系统研究的基础上,形成了公共行政(public administration)这一核心概念。所谓公共行政是指政府和公共组织在宪法和相关法律的规定范围内对社会公共事务的管理活动。③ 这一概念的出现是以工业化浪潮、文官制度的形成、政府社会管理职能的扩大、科学管理理论的提出为前提的④,以"宪法和相关法律"为依据是其较为显著的特征。20世纪80年代,社会公共事务的管理出现了新一轮的大发展,随着西方国家的民主化程度的提高、经济滞胀等现象的发生,推动公共管理模式改革显得迫在眉睫,新一轮的政府改革浪潮由此掀起,新公共管理(new public management)逐渐成为了公共行政的替代用语。区别于公共行政,这一概念更加凸显了西方公共管理活动中的主体多元化、企业管理技术的应用、服务及顾客导向化、公共管理体系内市场机制及竞争功能的引介等特征。而21世纪初,基于对政府角色错位、公民权利被漠视、行政行为中公共性缺失等问题的思考,强调"社会本位、公民本位、权利本位和服务本位",以"权力共享、公民参与和合作共治"为运行方式的新公共服务(new public service)开始引导公共管理发展的新方向,自"传统公共行政"时期就被"效率导向"驱离于

---

① Cole Blease Graham,Steven W. Hays "Management Functions and Public Administration POSDCORBR evisited". J. Steven Ott, Albert C. Hyde, Jay M. Shafritz. Public Management:The Essential. Readings Chicago: Lyceum Books/Nelson Hall,1991,13.

② Owen E. Hughes,*Public Management and Administration*,New York:St. Martin Press,inc. ,1998.

③ 李映洲:《外国政府制度》,甘肃人民出版社1993年版,第94页。

④ 张良编:《公共管理学》,华东理工大学出版社2001年版,第11—12页。

公共事务管理之外的"伦理向度"开始逐渐引起公共管理研究者的关注。

从本质上来说,公共管理是一种动态的而非静态的治理模式,甚至它本身还蕴含着一种自我进化力量。作为镶嵌于社会现实中的公共管理对于实践需求保持着高度的"敏感性",一旦现实实践产生了新的偏好需求时,它就会主动地作出适应性改变。因而,随着人们对西方语境下"价值缺失"的反思,逐渐形成了一种要求"伦理在场"的偏好需求,而为了适应这种偏好需求,公共管理出现了"伦理转向"。我们认为,这种针对于传统公共行政而言的转向主要体现在公共管理的目标转换和研究范式的更新方面。

(一)公共管理目标的转换:从以效率为中心到以服务为中心

1. 管理型公共管理模式:效率对伦理的驱力

管理型公共管理模式是基于传统公共行政理论构建起来的。总的来说,这种模式是在威尔逊(Thomas Woodrow Wilson)及古德诺(Frank Johnson Goodnow)的政治与行政二分法、韦伯(Max Weber)的官僚制理论和泰勒(Frederick Winslow Taylor)的科学管理原则的基础上所发展而来的。"三者也可分别称为政治控制理论、官僚制理论和微观管理主义,并统一在科层制效率的旗帜之下。从制度设计的目的来看,传统公共行政追求的基本价值包括:公共利益(价值中立);组织效率(目的—工具理性);合法性(档案、程序与法律规则)。"[①]

非常明显,这种制度设计满足了资产阶级追逐利益的需要:当政治和行政被明确区分为"带有普遍性的、重大的国家活动"和"应由技术职员所处理的个别或者细碎的具体事项"[②]的情况下,行政的内涵被固化于"执行政策"方面,在这种情境下,行政组织及其成员在行政活动过程所担负的职责就仅限定于在价值中立和经济效率的前提下执行上级所指派的任务方面。而决定任务

---

① 黄健荣、杨占营:《新公共管理批判及公共管理的价值根源》,《中国行政管理》2004 年第 2 期。

② Woodrow Wilson:The Study of Administration, in *Selected Classic Readings of Public Administration*, edited by Du Qaunwei, Fudan University Press, 2001, p. 6.

内容的决策行为则是由"政治"领域所负责,行政行为与其并无直接联系。于是,"效率"成为公共行政所追求的最重要的目标,"价值中立"成为公共行政所应秉承的最基础观念,"科层制"成为公共行政所推崇的最优组织形式。公共利益在实际上被效率所代表,效率提高也就意味着公共利益的实现。

从社会实践来看,这种模式虽然在发展资本主义经济方面作出了巨大的贡献,但是在实现社会公共利益上却是大打折扣,且不说早期的资产阶级政党将公共行政机构当作谋取利益的工具,即便是在政党行为得以规范之后,效率至上的公共行政机制也对社会公平造成了相当大的侵害,最直观的体现就是"守夜人政府(The night-watchman government)"的观点导致了宏观调控的缺失。尤其是随着垄断资本主义的出现,效率至上原则导致了社会资源越来越多地集中于少数人之中,经济危机、社会危机发生频率越来越高,最终导致了1929至1932年的波及全球的经济灾难。

管理型公共行政模式依靠科层制建立起了等级森严的组织体系,行政过程中的情感与道德诉求等价值因素被冠以"祛魅"之名遭到祛除①。遵照这种模式的设定,因为政治与行政的严格分离,所以行政工作者因为本身并不会出现于"决策"环节,故其必然不会有面对价值判断的机会,价值冲突自然也与其绝缘;因为组织森严的等级秩序的约束,所以个体的情感、道德与伦理价值的追求被剥离于以"有效率地执行上级任务"为主要职责的日常工作之外,"人们的良知在进入官僚制之后就消失了"②。在这种情况下,行政伦理被等同于效率,政府行政行为效率的提升成为判断其是否符合伦理原则的标准所在。于是,"管理行政(管理型公共行政模式)甚至都不屑继续持有统治行政所拥有的虚假道德外衣……(对于管理行政而言)伦理道路是完全封闭着的,其法律制度和科学化的要求在本质上无一不是对于伦理的背离"③。

2. 服务型公共管理模式:服务对伦理的呼唤

随着社会的不断发展,西方各主要资本主义国家逐渐发展至后工业时

①　张康之:《论伦理精神》,江苏人民出版社2010年版,第27页。

②　[美]特里·库帕:《行政伦理学:实现行政责任的途径》,张秀琴译,中国人民大学出版社2001年版,第153页。

③　张康之:《论伦理精神》,江苏人民出版社2010年版,第103页。

代(信息时代)。与此同时,管理型公共管理模式层级化的组织设计使得政府在扩大其职责范围的同时也面临着机构臃肿、人浮于事和官僚作风日益凸显等现实困境。而政府的外部环境亦出现了"政治生活全球化,现代化进程中出现的社会转型以及经济领域出现滞胀"①等方面的重大变化。同时管理型公共管理模式产生所依托的"社会缓速前进、大众的需求较为相似的等级制社会基础已经消失殆尽"②,政府无法通过其惯用的对于科层制进行修补的途径来提高其效率和执政能力。由全球化、经济滞胀和社会转型等现实性问题带来的政治、经济和组织方面的信任危机、财政危机和管理危机已经无法借由管理型公共行政模式得到妥善的解决。

在这种情境下,以解决管理型公共行政模式弊端、解决政府所面对的全面危机为出发点,一场政府改革运动逐渐于西方各国次第展开,服务型公共管理模式亦于这场政府再造运动中逐渐形成。服务型公共管理模式以新公共行政、新公共管理、治理理论和新公共服务理论为理论基础,呈现出以"在政府部门引入私营部门经营理念和企业家精神、倡导顾客导向、重建竞争机制,提高政府的回应性和灵活性"为主要内容的市场化倾向;以"将公民与社会组织纳入到公共管理的主体中来,构建多方参与的协商平台"为主要内容的民主化倾向和以"强调'公民至上'和'公共利益',倡导构建社会本位、公民本位、权力本位和服务本位下公民、社会与公共组织的互动治理模式"为主要内容的服务化倾向③。

从实践层面来看,"罗斯福新政(Roosevelt's new deal)"可以被视为公共行政悄然转向的开端:效率不再是政府追求的最高目标,解决就业、保障社会公众利益开始成为公共行政的重要目标,自此开始公共行政的统治工具色彩开始急剧下降。第二次世界大战之后,"福利国家政策(welfare state policy)"更是在整个资本主义国家蔓延,但是由此带来的问题也是显而易见的:在学科研究上,公共行政再次演变为政治学科的一部分,以至于有人提出了"有公共而无行政"④的观点,同时政府大包大揽的做法直接导致了效率低

---

① 鞠连和:《论新公共管理及其对中国的适用性》,吉林大学博士学位论文,2008年。

② [美]戴维·奥斯本、特德·盖布勒:《改革政府——企业家精神如何改革着公营部门》,周郭仁译,上海译文出版社2006年版,第35页。

③ 谢治菊:《公共管理模式嬗变的伦理学分析》,《理论与改革》2011年第3期。

④ 张成福、党秀云:《公共管理学》,中国人民大学出版社2001年版,第6页。

下,因此到20世纪80年代,撒切尔夫人等具有保守倾向的执政者开始登上历史舞台,他们大肆抨击"福利国家政策"带来的问题,但是这种攻击并不是对公共行政是否应该秉持公平、正义等理念的否定,而是要求通过分割政府职能、引进公共管理主体的方法提升公共管理的效率。而发端于21世纪初的新公共服务理论进一步强调了以"权力共享、公民参与和合作共治"为核心的公共管理运行方式。至此,原先服务于资产阶级的提高生产效率目的的公共行政体系已经完全转为兼顾公平和效率的服务于整个社会的公共管理体系。

在服务型公共管理模式中,行政工作者完成了从"行政人"到"公共人"的身份转换,其指向公共利益的伦理价值方面的追求得到了来自社会、行政组织和公民的多重认可。这种公共利益的导向不仅作用于行政机关,同时指导着同样作为公共管理主体的公民与非政府组织①。"在服务公民的价值目标指导下展开行政过程"②成为服务型公共管理模式的特点。

(二)公共管理范式的转换:由行为主义转变为后行为主义

通常来讲,社会科学的研究范式基本都经历了三个阶段,在早期基本都是以文史哲为学科基础、注重价值分析的传统研究;随着大工业革命的兴起、自然科学的不断发展,价值中立、注重采用量化分析的行为主义研究范式开始大行其道;此后,社会实践不断证明,完全剥离价值的研究在实际应用中面临众多的问题,因此不仅在政治学领域价值研究开始回归,即使在经济学领域,心理学等领域也变得日渐重要,这就是通常所说的后行为主义。当然这种范式上的转变因为学科特点而有所不同,公共行政理论产生的时间是在19世纪末20世纪初,因此其在产生之初就是以基于资本主义大发展形成的行为主义理念为主导的,价值中立、重视效率、强调科学理论和方法的重要性、过分追求普遍规律、政治和行政二元划分是其主要特点。因此,我们在公共行政理论中所说的传统公共行政理论实际上已经在某种意义上具备了行为主义研究范式的特征。不过,这种过分推崇价值中立的做法最终被现实的危机证伪。

---

① 公共管理伦理即在此基础上逐渐形成。
② 詹世友:《公义与公器》,人民出版社2006年版,第6页。

　　直至在第二次世界大战之后出现了公共行政附属于政治的情况,公平、正义等价值理念开始进入公共行政学研究的视域,在这个时期一方面是对传统公共行政的批判和反思;另一方面是提出了新公共行政学或政策学。在这个破旧立新的过程中,学者们指出传统公共行政性存在的三大问题:忽视公共行政价值研究;过于局限于对官僚行政组织自身的研究,忽略了对公共行政背景的研究;规范性研究过多,缺乏对公共行政过程的研究。据此,坚持公平价值是公共行政的核心价值、加强对公共行政的过程研究(即行政决策研究)成为了 20 世纪 40 到 60 年代公共行政学界关注的重点。新公共行政学的出现是战后对传统行政学批评的进一步发展,可以说是公共行政学"范式"的一次变化。但是,它依然无法摆脱政治和行政的二元思维,公共行政的主体依然是政府,从"范式"的界定来看它未能最终取代传统的公共行政学而成为行政学研究的主导范式。① 不过,这次"范式"变革的胎动也让"注重价值"的观念进入了学者们研究视野之中。

　　进入 20 世纪七八十年代,经济、社会危机激化再次要求进行变革,同时与管理学相关的学科也再次取得了很大的进展。首先,公共管理的理论基础进一步扩大,政治学、经济学、管理学、社会学等众多的理论知识被应用到公共管理领域,公共管理学以公共管理的问题为核心,融合了来自各个相关学科的知识,因而可以说是一个跨学科或交叉学科的研究领域。其次,围绕公共利益这一核心价值,公共管理的主体持续增加,特别是在治理理论和新公共服务理论的推动下,除行政机构外,企业、社会组织都被纳入到了公共管理的范畴中,这也使得理论研究中的公共管理突破了传统的政治和行政二元划分。在这个时期,不仅是公共管理具有伦理价值这一观点得到确认,而且公共管理中的伦理关系②也得到充分研究。

---

　　① 陈振明:《公共管理学》,中国人民大学出版社 1999 年版,第 8—16 页。
　　② 伦理关系是基于某种社会联系而产生的特殊关系。在公共管理领域,可以依照层级的不同将其分为"整体层面上的公共管理主体与客体之间的伦理关系,个体层面的公共管理者与被管理者之间的伦理关系和整体与个体结接处层面的公共管理组织与公共管理者个人之间的伦理关系"。参见张康之:《论公共管理中的伦理关系》,《中国人民大学学报》2003 年第 2 期。

这样,我们就通过对公共管理目标的转换和研究范式的更新两方面的研究回顾对公共管理的"伦理转向"进行了重述。当然,公共管理的伦理转向绝不仅限于这两个方面,国内外在此方面的论述颇丰。虽然研究者们对于其具体的转向过程有着不同的解读和描述①,但是对"公共管理正在进行

---

① 如张康之教授认为,政府存在所必需的合法性基础可以借由政府为社会提供的公共服务来获取,而政府提供公共服务的途径变化可以很好地反映出公共行政(管理)的发展脉络和内在规律。他认为,大体而言,政府提供公共服务的途径按照历史沿袭的顺序可以分为以下四类:即以人民主权原则为基础,以三权分立和相互制衡为政治权力结构设计,强调对权力施以外部控制来保障政府有效提供公共服务的"政治路径";以威尔逊和古德诺的"政治行政二分"、韦伯的"官僚制"、泰勒的"科学管理方法"和法约尔的"一般管理原则"为基础,以量化、标准的行政行为模型为理想组织设计,强调以科学化、技术化的方法来提供公共服务的"科学路径";以"经济学理论""企业家精神"和"一般管理(generic management)"为基础,以私营部门的结构模式为理想组织设计,强调以竞争机制、顾客导向等理念的实施来保障公共服务质量的"市场路径";以"公民至上""公益导向"为基础,以多元参与、协商共治为理想组织设计,强调以"公共行政的精神"来确保公共服务有效提供的"伦理路径"。借由提供公共服务的路径的变迁,描绘出了"权力结构——组织结构及运行机制——企业家精神——伦理精神"这一各个时期公共管理关注重点与价值理念的转向过程。参见张康之:《在公共行政的演进中看行政伦理研究的实践意义》,《湘潭大学学报》(哲学社会科学版)2005年第9期。

又如郭夏娟教授认为,在公共行政的发展历程中,伦理价值并不是在20世纪70—80年代至21世纪初这三十年间才逐渐复苏的。17世纪到20世纪初期的事实领域和价值领域的分离毋庸置疑地导致了行政事务中伦理价值的缺失,但是20世纪到21世纪这百余年间,行政与伦理历经了初步结合、理论准备和理论(学科)成型三个阶段,两者从未彻底地分离。其中,在行政与伦理的初步结合阶段,伦理范畴的讨论和研究并未形成系统,而是隐藏于行政学家们对于政府职能、行为目标等内容的论述之中,学者们对价值层面的要素进行讨论的目的是为了达成政府效率的提升。在理论准备阶段,学者们在意识到行政伦理在公共行政活动中的重要作用的基础上开始自觉地将其纳入到公共行政的研究领域中,其中对于自由裁量权和内部督查、个体伦理责任和公共利益的研究尤为重要,行政与政治、事实与价值之间的森严界限即在这个阶段逐渐消解。在理论成型阶段,学者们在行政伦理领域中进行了多方面的批判性分析、开始对行政伦理的方法论进行研究、对特殊性行政伦理问题的关注开始升温、在对现有理论进行整合的基础上构建起了综合性的学科框架。至此,伦理价值成为了公共行政领域认同的普遍信念,成为评价行政行为的重要依据。参见郭夏娟:《公共行政伦理学》,浙江大学出版社2003年版,第1—40页。

伦理转向"这一前提均持有肯定的态度。在这里,我们对于这种伦理转向的重述主要基于以下两方面的考虑:一方面,它为我们研究地方政府创新这一公共管理的重要实践活动提供了伦理层级的思考维度,可以说这是方法论意义上的;另一方面,它为我们研究地方政府创新提供了必要的知识储备,可以说这是知识意义上的。

二、地方政府创新:公共管理伦理转向的先行实践活动

"如果说统治型和管理型社会治理模式是以政治权术和科学的管理制度为基础的话,那么伦理化的服务精神则是公共管理所代表的服务型社会治理模式的基础所在。"①依照公共管理发展的现实演进规律,社会治理模式转换往往通过"政府改革"这一宏观层面的制度变迁的方式达成,而推动政府改革的经验则多来源于"政府创新"在微观层级对于制度的不断调整和改良。所以我们可以认为,宏观的"伦理转向"是依托微观的"政府创新"来逐渐推广、实现的。在此意义上,我们就可以将政府创新解读为政府为促成社会治理模式转换、满足"伦理在场"要求而在现实层面所展开的先行实践活动。

相对而言,在政府创新过程中,中央政府是最具有优势的主体角色。这种优势源于政府权力结构所决定的中央政府的权力中心地位。如果某项创新能够得到来自中央政府的支持并由其亲自推广实施,那么在政府系统内部其合法性和权威性就得到了最高层级的保障。但是中央政府如果贸然对政治体制和行政体制领域实施大规模创新,那么"牵一发而动全身"的连锁反应往往会对政治格局和社会生活秩序产生不可预测的影响。所以中央政府对于本层级的政府创新多持审慎的态度。

在中央政府基于强烈的风险意识而不能贸然发动从上至下的强制性政府创新的背景下,地方政府需要直面社会政治、经济生活中公民、社会组织

---

① 张康之:《论公共管理中的伦理关系》,《中国人民大学学报》2003年第2期。

和市场中各经济主体对于保障个体合法权益、提升自身自主性和政治地位以及维护市场经济秩序等方面的现实诉求。这种出现于多方面的总体性社会需求更多地是由原有的传统治理模式所引发,这就决定了社会治理模式的创新成为了地方政府保障当地社会稳定、优化经济环境、增强区域竞争力的客观选择。同时,在可以确保宏观政治体制与行政体制稳定的前提下,中央政府对于地方政府在微观层面上进行的政治体制与行政体制方面的创新尝试持肯定态度,在一定程度上,中央政府甚至鼓励地方政府通过局部创新的方法来为现行政治与行政体制面临的困境寻找解决途径。在这种情况下,地方政府获得了一定的制度空间来进行其创新实践。于是,在不触及核心层级的政治体制与行政体制,以保障社会稳定为优先考量的预设制度空间范畴内,地方政府开始适时适度地展开创新实践,希冀以"通过对政府管理方式方法的技术创新提升政府行政效率;通过引入更多公共服务的提供者建立更有效率的公共服务平台;通过吸收新的管理要素(如参与主体、行政资源、技术条件或成型的行政改革经验等)来创造更有效的政府运行机制或载体;通过政治运作的微观机制的改良,扩大基层行政民主和政治民主,实现多元参与与协商治理,缓解政治压力"[1]为主要内容的社会治理模式改革创造更加有利于社会稳定和经济发展的体制环境,以此回应社会发展过程中各主体所提出的发展诉求,并确保在各地方政府所展开的以经济增长和社会治理为绩效标准的区域竞争中获取优势地位。

这样,在目前中国政治发展的"微观先行"的基本逻辑[2]作用下,地方政

---

[1]　何显明:《顺势而为——浙江地方政府创新实践的演进逻辑》,浙江大学出版社2008年版,第28页。

[2]　这种微观先行的政治发展逻辑即指"增量改革优先于存量改革、行政体制改革优先于政治体制改革、微观改革优先于宏观改革、基层改革优先于高层改革","在保持既定的宏观政治制度框架相对稳定的前提下,通过积极推进行政管理体制改革,鼓励微观政治层面的增量民主建设,优化公共事务治理模式,以适应市场化改革和经济社会发展的需要,并为更高层次的政治体制改革创造更加成熟的条件,积累更加丰富的实践经验"。参见何显明:《顺势而为——浙江地方政府创新实践的演进逻辑》,浙江大学出版社2008年版,第27页。

府成为了政府创新的"第一推动集团"①。地方政府创新成为了社会治理模式自我完善的最直接实践活动。从表面上来看,地方政府的创新内容更多地体现出一种应激性的问题导向,但是从根本上观察,除部分出现在技术层面的问题外,大部分问题都是由原有传统治理模式"伦理缺位"所引发的,必须要借由地方政府的理念改观方能解决。地方政府已经逐渐认识到社会需要的满足已经不能仅依托于"政治路径""科学路径"和"市场路径""伦理路径"已经成为从根本上解读并最终解决问题的重要途径。

正如前文所述,在当前语境下地方政府创新已成为公共管理这一社会治理模式回应民众"伦理在场"偏好需求、实现自身伦理转向的最直接践行方式。在这一意义上,我们可以对于第一章中所初步论述过的责任伦理、制度伦理与公平伦理在地方政府创新中的"凸显"进行重新解读。本文认为,以上三种伦理向度之所以可以在地方政府创新过程中凸显出来,从表面上来看,是因为其在"责任的承担""权力的运用"和"利益的分配"三方面的具体规范和导向作用可以确保地方政府创新这一行政行为中"责权利"的有机统一,保障创新的方向和效用;而从公共管理伦理转向的大背景下考量,责任伦理、制度伦理与公平伦理本身即可视为内含于"负责的政府""良善的制度"和"公平的社会"等民众现实呼吁中的伦理在场偏好需求,地方政府创新的实质即为对于以上三种伦理向度在场需求的具体回应和践行,因此,以上三种伦理向度必然地凸显于地方政府创新过程之中,成为地方政府所着意考察和彰显的先在性创新价值面向。

<hr>

① 地方政府是政府创新的第一推动集团这一观点学界达成了一定的共识,如陈家刚教授从地方政府在创新环节中的重要作用方面;王家红教授从地方政府需要满足民众认同的需要方面;汪保国和张玉教授从制度变迁的方面分别对这一观点加以论证。参见陈家刚:《地方政府创新与治理变迁——中国地方政府创新案例的比较研究》,《公共管理学报》2004年第11期;王国红:《地方政府创新的动力与条件》,《学术论坛》2010年第5期;汪保国:《党的十六大至十七大期间中国地方政府创新现象研究》,《当代中国政治研究报告》2008年;张玉:《地方政府创新的基本动因及其角色定位》,《云南社会科学》2004年第3期。

（一）责任伦理及其创新诉求

作为"行为、行为者与行为结果之间最直接的连结纽带"①，责任一词是"公共行政所有词汇中最为重要的"②。责任的实现不仅需要外在的制度保障，同时也需要内在的约束机制，责任伦理即属于一种内在约束机制。在公共管理活动中，管理主体的责任意识和价值取向将最为直接地影响到管理行为的实践效果。所以在这里，我们将"责任伦理"作为地方政府创新的首要价值面向来展开研究。

1. 责任伦理的提出

从责任产生的源头来考察，其逻辑起点无疑应为"角色"。角色本身是指个体在社会中所被规定了的位置以及由其所带来的责任与义务。只有在角色得到确认的基础上，其相应的职能才会进一步明确，个体由此获取保障职能顺利实施的具体权力，并承担起行使权力所带来的后果——即责任。

政府作为公共事务的管理者，其所行使的公共权力是公众基于"委托—代理"关系让渡于政府的。权力的归属并不会因为这种契约关系而产生变化，公众依旧是公共权力的所有者，而政府仅为公共权力的行使主体。在这种委托—代理关系中，政府应以"积极回应公众需求，提升公共福祉，维护公共利益，提供优质的公共产品和公共服务"的方式对其所行使的公共权力的所有者——"公众"负责，这也是政府责任的内涵所在。

但是在公共管理过程中，这种公众与政府之间的责任关系并非处于理想状态。③

首先，委托—代理模型的失效导致责任关系的弱化。在公共管理实践过程中，公共权力往往为个体公职人员或特定利益集团所执掌，这种"公权私掌"的现象一旦缺乏相应的制约，很容易因掌权者（或集团）本身的"经济

---

① 刘时工：《自由意志与道德责任》，《道德与文明》2008 年第 2 期。

② ［美］特里·库帕：《行政伦理学：实现行政责任的途径》，张秀琴译，人民大学出版社 2001 年版，第 26 页。

③ 参见王玉明：《论政府的责任伦理》，《岭南学刊》2005 年第 3 期。

人"属性而倾向于谋求其个体利益的最大化,公共利益与公众的意愿往往被选择性无视,政府行为开始出现明显偏差。而针对这种明显侵犯委托人权益的代理行为,公众基于其被虚置的公共权力所属权,无法以强制手段来对政府的不当代理行为进行纠正。于是作为代理机关的政府得以脱离公众这一委托主体对其的责任约束而成为自主自立的主体组织。① 政府实际上所具备的自主地位和其所应该具有的代理人身份之间冲突,往往导致公共权力被异化行使,公众的权益遭到严重侵害。

其次,角色冲突所引发的责任关系的异化。将政府作为单一主体来考虑,其委托—代理关系所产生的负责对象确实可以确定为"公众",进而体现出一种"政府—公众"的单向度责任关系。但是对于公共权力的直接行使者——公职人员而言,其代理人角色的委托主体是来源于多方面的,其必须对"公众、组织领导和职业协会"②等委托人同时负责。这样,公职人员(及政府机关)所担负的行政责任就呈现出一种多向度、多层级的态势。各种行政责任之间经常发生"权力冲突、利益冲突和角色冲突"③。三种冲突形式中,角色冲突是最为常见的。这种角色冲突体现在两个方面,即作为公职人员的代理人身份和作为社会公众的委托人身份的重叠有可能诱发公职人员以机会主义的行政行为为自身谋利;同时,相较于公众被搁置和虚化的委托人角色,组织领导等"科层制权力结构的上级"的委托人角色显得更为直观,并且与公职人员切身利益直接相关的"奖惩考核"的结果更多地由组织领导所决定,所以公职人员更倾向于对组织(及其领导者)这一委托人负责,将完成组织领导的指令作为其最重要,甚至是唯一的职责,无视、曲解甚至违背公众的利益诉求,导致以"愈负责(对组织领导者)而愈不负责(对公众)"为表征的责任关系的异化现象的产生。

这样,在"委托—代理模型失效"与"角色冲突"的影响下,公众与政府之

---

① 王振海:《论政府的代理身份与代理行为》,《江苏行政学院学报》2003 年第 4 期。

② [美]特里·库帕:《行政伦理学:实现行政责任的途径》,张秀琴译,人民大学出版社 2001 年版,第 64 页。

③ [美]特里·库帕:《行政伦理学:实现行政责任的途径》,张秀琴译,人民大学出版社 2001 年版,第 86 页。

间的责任关系出现了弱化甚至异化。要对同时见诸于主客观层级的"责任关系"加以调整和纠正,单纯的客观层级的刚性制度约束明显是远远不够的。理论界与实践工作者们都在寻找着一种能够规范政府行为、引导政府善行、确保责任关系的主观层级的柔性的、内在的约束机制。责任伦理的身姿便在这种背景之下逐渐显露出来。

2. 责任伦理的内涵

在传统公共行政时期,基于政治—行政二分的基本行政理念,政府行政行为的价值取向完全倾向于对于效率的追求。那么在这种情境下政府无须对公职人员的道德水准作出要求,其本身只需在制度框架内进行以效率为指向的日常行政工作即可。"机关并不需要(其成员具有)不可估量的道德素养,只需要业务熟练的专家即可。这就如同一台机器运转情况是否良好,并不取决于操作机器的人品质如何。"[1]这种充满了工具理性特点的"无道德行政"价值理念中,公务员仅需对制度框架内的上级民选官员负责。

真正提出"责任伦理(Verantwortungsethik)"这一概念的是马克斯·韦伯。韦伯于1919年所作的《以政治为业》演讲中提出了责任伦理与"信念伦理(Gesinnungsethik)"这一对相对的准则。信念伦理侧重于以考察行动者的"心情、意向、目的与动机"来判断行为的伦理价值,行动者只需保证信念的纯洁度即可,无需为其行为的结果负责;责任伦理则以行为所产生的后果来作为其伦理价值所在,行动者必须对客观环境及其规律有详尽的了解,同时对行为所产生的后果责无旁贷,"有着不同本质的这两种准则相互间有着极其深刻的对立"[2]。在行使公共权力的政府部门中,行政行为所可能造成的对于公共利益的影响是每个施政者所必须考虑到的。这就要求"公职人员不能仅靠主观意愿而作出的行政行为,而应更多地考虑到可预见的行为后果所造成的影响,即将责任伦理作为支配其行为的最重要准则"[3]。

---

① Dwight Waldo. *The Administrative State*. New York, Ronand Press, 1984, p. 23.

② [德]马克斯·韦伯:《学术与政治:韦伯的两篇演说》,冯克利译,三联书店 1998 年版,第 107 页。

③ 赵清文:《论公共危机管理中的政府责任伦理》,《齐鲁学刊》2011 年第 1 期。

　　当然,韦伯并未全盘否定信念理念,他认为"当政治家选择了某种政治理念之后,他必须同时意识到(依照这种信念)做出行为的后果,并真正发自内心地认可并感受到这一责任,其后遵照责任伦理采取行动……(信念伦理与责任伦理)两者互为补充,结合在一起,才构成了一个能够担当'政治使命'的真正的人"①。他所提出的并不是完全地废除原有的信念伦理责任评价标准,而是为传统的体系增加了"可能造成的后果"这一客观性的指标;同时在一定程度上解决了个体理性无法及时全面地掌控科技发展所造成的主体意图与行为后果之间的偏离问题②,对伦理学的发展产生了深远的影响。但是这种责任伦理依然是建立在应然层面上的,其所关注的还是政治家个体,对于公共需求与公共价值的注意力较少,其实质依旧是一种形式正义。

　　罗尔斯从"维护社会正义"出发重新解读了责任伦理。他认为责任伦理应该是一种社会道义论的价值取向,其本质应是公共行政整体性的责任承诺,这种承诺是以"正义"为首要原则、以政治制度或行政规则的设计、创新和维护为途径来表达政府的行政理念和政治立场。相较于韦伯所提出的以"个体先在性"为特征的责任伦理而言,罗尔斯所主张的责任伦理更加强调公共伦理的先在性;强调社会的整体性正义与公共伦理相较于个体美德与个体伦理的优势;强调过程(即手段)的合理性与结果合理性拥有同等重要程度;强调以应然性与实然性的统一、目的与手段的结合来提升责任伦理的实践价值。③

　　在韦伯与罗尔斯研究的基础上,责任伦理逐渐脱离了个人伦理的范畴,

---

　　①　[德]马克斯·韦伯:《学术与政治:韦伯的两篇演说》,冯克利译,三联书店1998年版,第116页。

　　②　这种主体意图与行为后果之间的偏离的内在逻辑在于:在传统认识中,人的行为是由理性所支配的,人们可以借由理性而清楚地认识到行为的后果,故在理性的指导下,除非出现意外,否则人们的意图、信念、动机与后果将是一致的。而随着科技的发展,人们行为所涉及的领域愈发广泛,其中的要素之间的联系愈发复杂,行动所可能附带引发的协同效应使得主体意图与行动结果之间的关系非常难以界定,仅基于理性判断而做出的行为往往会不可预测地偏离其主体意图。参见林元泽:《责任伦理学的责任问题:科技时代的应用伦理学基础研究》,《台湾哲学研究》2005年第5期。

　　③　李思然:《行政发展视域中责任伦理的价值向度》,《中国行政管理》2011年第4期。

开始对社会层级的权力与责任进行分析与建构,其所关注的焦点由信念、动机扩展至过程、手段与结果方面,贯穿于公共管理行为的事前、事中与事后各个环节①。在这里,我们尝试性地在行政领域将责任伦理定义为:行政主体主动履行各类责任、积极回应公众需求并勇于承担行为后果的伦理担当。

在此基础上,我们可以进一步地厘清责任伦理所蕴含的道德价值所在:个体基于责任伦理所作出的选择所考量的是他者的利益,这种行为本身就带有"善"的道德属性②;在责任伦理内化于自身的情况下,公职人员就体现出一种无条件的责任自觉,即公职人员(及政府机关)基于价值理性而认可其所恪守的责任伦理,"其责任意识的产生的原因是自身的责任感和自觉性,而非制裁机构等外力的压迫所致"③。

自韦伯提出责任伦理以来,罗尔斯与约纳斯(Hans Jonas)④等学者不断地赋予其新的内涵。责任伦理不仅为哲学、社会学和法学界所广泛运用,并且伴随着公共管理的伦理转向而深深地根植于公共管理实践中,"责任伦理能够突破学科界限,超越学术范围……就是因为它适应了时代的精神"⑤。

3. 责任伦理蕴含的创新诉求

(1)让民众来评议政府

对政府的所作所为,民众可以给予客观的评议,而政府之所以允许民众对其进行评议是因为它接受了这样一个前提:政府必须对民众负责。民众对政府的评议范围很广,可以说只要是政府作为,甚至包括政府不作为,都是民众评议的正当对象,具体来说这包括政府行为的宪法责任、政治责任、行政责任以及道德责任。在中国某些地方政府,民众评议政府甚至已经发

---

① 田秀云:《当代社会责任伦理》,人民出版社 2008 年版,第 4 页。

② 李思然:《行政发展视域中责任伦理的价值向度》,《中国行政管理》2011 年第 4 期。

③ 王玉明:《论政府的责任伦理》,《岭南学刊》2005 年第 3 期。

④ 约纳斯在责任伦理研究领域亦有较为丰硕的成果,他将责任伦理由"当下"引入了"未来",赋予了其整体性的研究视角,他的观点与公共管理实践活动关系较小,所以在此不展开论述。

⑤ 甘绍平:《应用伦理学前沿问题研究》,江西人民出版社 2002 年版,第 99 页。

展到制度规范化层面。① 实际上,让民众评议政府就是要在舆论上对政府的公共管理行为形成压力,以便促使政府更好地实现对责任伦理的贯彻。

(2)让政府回应民众

当民众对政府的公共管理行为提出某种偏好需求时,政府必须给予回应,一个对民众的需求不作出回应的政府不可能是一个负责任的政府,由此可以说,"政府责任是指政府能够积地对社会民众的需求作出回应,并采取积极的措施,公正、有效率地实现公众的需求和利益。从这个意义上讲,政府的责任意味着政府的社会回应"②。政府就其公共管理行为向民众作出回应必须满足两个方面的要求:一方面,政府必须具有回应性(responsiveness)的能力,换句话说,一个没有回应性能力的政府即使对民众作出了回应,这种回应对民众而言也没有任何的"实际效用",它充其量只是一张"空头支票",没有兑换的日期;另一方面,政府必须对民众的需求作出积极的回应,而非消极的回应。易言之,政府不能运用其所掌握的暴力资源对提出正当偏好需求的民众进行打击报复,甚至实施肉体毁灭。只有当政府满足这两个方面的要求时,它对民众所作出的回应才是有质量的,而有质量的回应则是有效履行责任伦理的体现。

(3)让民众追究政府责任

当政府在公共管理过程中出现失责行为时,落实这种责任就存在两种途径:一种是内在的途径,这主要依赖于行政人员的"自觉",但是就其本质而言这一途径本身具有极大的不稳定性,正如麦迪逊(James Madison)在《联邦党人文集》第51篇所说的那样:"野心必须用野心来对抗。人的利益必然是与当地的法定权利相联系。用这种种方法来控制政府的弊病,可能是对人性的一种耻辱。但是政府本身若不是对人性的最大耻辱,又是什么呢?如果人都是天使,就不需要任何政府了。如果是天使统治人,就不需要对政府有任何外来的或内在的控制了。"③二是外在的途径,这主要是依赖于民众的"自觉",尽管同是"自觉",但是"自觉的内容"却有本质的差异:前者是信

---

① 金太军:《论政府公共管理责任的承担》,《行政论坛》2008年第1期。

② 张成福:《责任政府论》,《中国人民大学学报》2000年第2期。

③ [美]汉密尔顿等:《联邦党人文集》,程逢如等译,商务印书馆1980年版,第264页。

任人性的自觉,而后者是信任制度的自觉。而让民众追究政府责任作为一种外在途径之所以是有效的,是因为基于民众与政府之间的委托—代理关系考虑,行政人员具有自愿服从的内在理据:"出于从伦理标准、中立默认至自利的种种原因。出于对自利的默认,出于不同的原因和伦理,大多数人都会自愿遵守。或者,正如马克斯·韦伯强调的,他们之所以这样做,是因为他们深信权威系统的合法性。"①

(二)制度伦理及其创新诉求

1. 制度伦理的提出

正如上文所述,对于如何落实责任有内在和外在的两条途径:其中内在途径是指公职人员本身的"自觉",而外在途径则依赖于民众对于"制度"的信任而产生的自觉。这种解决问题的途径选择并非仅出现于"责任落实"环节中,而是一种具有普遍性的经验总结。换言之,"人类在面对社会生活中所出现的各种问题时,其解决路径无非可以分为两种:从人类本身中去寻找解决方案;从自身外部去寻找应对方法"②。当人们无法从人格、信念、意识形态等源于其本身的主体路径中得到有效支持时,自然地将眼光转移至主体外部,开始对制度进行研究来寻找问题解决之道。

作为一种规范,制度的作用就是有效地引导和整合公共生活秩序,但是并不是所有的制度都具有这一功能,毕竟制度也有好坏之别,正所谓"恶法不如无法",因而确保制度的道德合理性就成为实现制度有效性的必要前提,制度是否"善"成为了制度能否为问题解决提供有效外部保障的关键所在。这种"善"并非单纯地以制度的完备性与效用性为衡量标准,制度中所蕴含的价值导向才是"善"的根本所在。对此尼尔·麦考密克(N. MacCormick)和奥塔·魏因贝格尔(O. Weinberger)就曾指出:"制度道德有两个范畴:一方面,它必须尽可能地适应所设想的文明社会的实际的法律制度和政治制度。另一方面,就符合这一关于'适宜'的要求而言,它应当尽可能紧密地接近

---

① 　[美]詹姆斯·W. 费斯勒、唐纳德·F. 凯特尔:《行政过程的政治:公共行政学新论》,陈振明译,中国人民大学出版社2002年版,第373页。

② 　何颖等:《行政伦理与社会公正》,吉林人民出版社2009年版,第35页。

我们的'背景'政治道德的理想。它包括一组旨在使我们现有的政治制度具有最大限度的道德意义的原则。因此,制度道德是相对化的——相对于一组特定的政治制度而言的——理想的道德。"①而就制度的本质而言,"它是已有的社会惯例、结构的储存,通过这种储存我们使集体记忆、表述、价值、标准、规则等外部化"②。由此可以说,伦理精神和伦理理念赋予了制度以存在的"意义"。实际上,制度伦理就是要彰显制度的"善"或"好"(good),而制度之所以能够实现这种彰显是因为它暗含着一个使这一内在规定性得以成立的前提,那就是制度能够被进行伦理分析。"作为没有独立存在的感性空间领域的伦理道德,其存在并渗透于人的一切现实自由意志活动领域之中……而制度可以被视为人的自由意志实现的具体样式,属于自由意志的定在,所以伦理属性是制度的内在属性。"③易言之,制度和伦理之间存在共通性,对制度的伦理分析是可能的。在此基础上,以追寻制度"善"为目的的制度伦理开始逐渐成为制度研究的重要视角。学者们通过这一视角来对制度中所蕴含的公平、正义、民主、持续等基本价值理念的加以确证,在以"善"的标准来评判甄选传统制度的同时,将个体"善"以制度的形式固化下来,推动制度本身的变革与创新。

2. 制度伦理的内涵

虽然学者们出于不同的学科背景与研究切入点,对于制度有着不同的理解和表述④,但是制度本身所包含的双重含义则是为大家所公认的,即制

---

① [英]尼尔·麦考密克、[奥地利]魏因贝格尔:《制度法论》,周叶谦译,中国政法大学出版社 1994 年版,第 210 页。

② [英]马克斯·H. 布瓦索:《信息空间:认识组织、制度和文化的一种框架》,王寅通译,上海译文出版社 2000 年版,第 390 页。

③ 高兆明:《制度伦理与制度"善"》,《中国社会科学》2007 年第 6 期。

④ 如诺斯从制度经济学的视角将制度理解为"旨在约束主体福利或效用最大化利益的个人行为的规则、守法程序和守法行为的道德伦理规范";而罗尔斯则从政治哲学的视角将制度界定为"一种公开的规范体系,这一体系确定职务和地位及他们的权利、义务、权力、豁免等等。这些规范制定某些行为类型为能够允许的,另一些则是被禁止的,并在违反出现时给出某些惩罚和保护措施"。参见[美]诺斯:《经济史中的结构与变迁》,厉以宁译,上海三联出版社 1994 年版,第 3—4 页;[美]罗尔斯:《正义论》,何怀宏等译,中国社会科学出版社 1997 年版,第 50 页。

度可以理解为：一定历史与社会条件下所形成的对群体性行为的约束、规范与准则；以及人们制定、执行并完善约束、规范与准则的活动。制度的双重含义有助于我们深入地分析制度伦理的内涵特点。

　　我们可以依照罗尔斯所给出的相关建议对制度伦理的内涵进行探究，他指出："一种制度可以从两个方面考虑：首先是作为一种抽象目标，即由一个规范体系表示的一种可能的行为形式；其次是这些规范指定的行动在某个时间和地点，在某些人的思想和行为中的实现。"①罗尔斯分析制度的这一逻辑思路同样适用我们对于制度伦理的分析，也就是说，制度伦理涉及抽象和具体两个层面上的内容。"抽象的制度伦理涉及的主要是制度的伦理基础和制度的道德论证等问题；而具体的制度伦理则主要关注制度如何在社会的不断发展变化过程中保持自身的自我同一性，及其实际运行与功能的实现等问题。"②基于这一思路，方军教授将制度伦理的内涵区分为"制度的伦理"与"制度中的伦理"两类，前者指"对于制度本身是否正当与合理的伦理评价"；后者则指"制度本身所蕴含着的伦理追求、道德原则与价值判断"。③ 学界在制度伦理研究过程中所广泛使用的"制度伦理化"与"伦理制度化"的双重含义即由此而来。

　　制度伦理化是指对既已存在的制度中所蕴含的合伦理性的道德价值和规范进行考察，或以伦理道德为标准对既有的制度进行评判。制度伦理化的内核在于对于制度中所蕴含的道德观念和道德意识等"道德性"进行解读。这种解读既包括对社会制度安排的道德省察，也包括对于制度本身所蕴含的伦理追求与道德价值思想的追寻，而更重要的是可以帮助人们可以在考察"道德性"的基础上对于制度作出伦理判断，真正甄别出制度的"恶与善"。这是制度伦理化的三重内涵所在。④

　　伦理制度化是指将一定的社会伦理要求提升到制度层面，以制度化的形式在社会生活中加以贯彻执行的过程。伦理制度化的实质是对于伦理的

---

① 　[美]罗尔斯：《正义论》，何怀宏等译，中国社会科学出版社1997年版，第51页。
② 　胡鸣铎、牟永福：《论公共管理之伦理要义》，《云南行政学院学报》2010年第6期。
③ 　方军：《制度伦理与制度创新》，《中国社会科学》1997年第3期。
④ 　何颖等：《行政伦理与社会公正》，吉林人民出版社2009年版，第37页。

规范化与法治化,其目的在于为社会伦理道德问题提供外在的制度方面的解决途径。可以说,伦理制度化(以及同义的道德法制化)是在市场经济高速发展,社会持续转型的现实情况下所提出的,这种外部化的道德保障与政府等权威机构的强制力后盾相结合所形成的"制度化规范力量",使其成为了道德重建的历史选择。

由此可见,制度伦理是指对社会性组织的规范体系和运行机制的伦理要求和反思,即对社会组织制度化、规范化的伦理的思考与建构①,制度中所蕴含的伦理要求与伦理道德制度化的辩证统一构成了制度伦理的内涵所在。制度伦理的二重性的内涵构成是在方军教授所提出的"制度的伦理与制度中的伦理"的分析基础上概括形成的。当然,这一内涵界定在学界中不乏批评者②,但其中所凸显的"对于制度进行价值分析批判"的核心内容依旧为广大学者提供了崭新的研究视角。以制度伦理概念的提出为标志,伦理学逐渐开始酝酿"个体美德向社会伦理、个体善向制度善"的历史转向。

3. 制度伦理蕴含的创新诉求

(1)以"伦理"评议现有制度

在制度经济学家看来,创新的推动力源于利润与绩效的获得,而社会科学知识的进步则可以降低创新的成本。③ 在公共管理领域的创新实践中,更

---

① 倪愫襄:《制度伦理研究》,人民出版社 2008 年版,第 13 页。

② 高兆明教授认为,方军教授为制度伦理所下的"制度的伦理和制度中的伦理"的定义并不严谨,而学者们在其基础上所发展出来的"制度伦理化"与"伦理制度化"的解读进一步忽视了方军教授所界定概念中居于核心地位的"对于制度的价值分析批判"内容,是更加模糊而不可取的。高兆明教授认为,制度伦理是对制度的伦理分析,其核心是揭示制度的伦理属性及其伦理功能,其主旨是指向"何为善的制度""一个善的制度应当是怎样的""何以可能""有何伦理价值"等问题,是中国语境下的"制度正义"问题。本文认为,高兆明教授的这种区分方法与方军教授相较,更多的是注重对于制度的规范研究,而对经验研究涉及较少,在伦理学方面的理论意义要大于在公共管理方面的实践指导意义,故本文依旧采取传统的二重性界定方法来表述制度伦理的内涵。参见高兆明:《制度伦理与制度"善"》,《中国社会科学》2007 年第 6 期。

③ 参见[美]科斯等:《财产权利与制度变迁——产权学派与新制度学派译文集》,刘守英等译,上海三联书店 1994 年版,第 336 页。

加注重的是"人"的因素。随着科技的发展,人的主体性意识不断加强,自然地要彰显其在社会生活中的主体作用,其所持有的价值意识越来越多地影响到制度的安排,制度中所蕴含的合伦理性的道德价值和道德规范成为了评判制度的标准之一,"人们从制度伦理视角出发对既有制度所作出的'不好'的道德评价及其所形成的舆论压力,是引发制度创新的群众基础"①。而作为评价标准的"伦理"本身并非是一成不变的,"(伦理)这个实体是自我解体了的存在,所以它不是死的本质,而是现实的和活的本质"②。因此,随着"伦理"本身的不断发展,对于制度的评价标准也将不断更新。虽然制度伦理评价并非制度创新的决定性因素,但是其确实为以制度创新为主要重要内容的地方政府创新的持续前行提供了主观推动。这就要求地方政府在创新过程中审时度势,对原有的制度、规章等政治秩序进行"制度伦理化"的审视,"择其善者而从之,其不善者而改之",从而摆脱不合理的制度桎梏,进行持续的创新实践。

(2)依"伦理"甄选新生制度

以发展的眼光来看,地方政府创新的目的并不仅限于"在短时间内解决自身所遇具体问题",而是在于为"同'类'的问题总结出行之有效的解决方案"。也就是说,"解决问题"仅是地方政府创新的阶段性成果,将解决问题过程中所形成的"新政策""新举措"和"新方法"以制度化的形式固化下来并加以推广才是地方政府创新的完整形态。

在这一"经验"上升为"制度"的过程中,制度伦理开始申明自身的诉求。这一诉求出现在制度形成过程之中,即制度伦理要求地方政府在甄选"制度化"目标时,应将"合伦理性"置于传统的"效用性"和"完备性"标准之前,确保创新经验所形成的制度的"善"的基础。在这个层面上来看,如果上述的新型"政策、举措和办法"确实符合公共利益诉求,具有一定的合伦理性的话,那么当然可以运用伦理制度化的途径将其固化为新的制度。这样就真正意义上解决了地方政府创新依赖于创新者行政权威方能持续,"人走政

---

① 方军:《制度伦理与制度创新》,《中国社会科学》1997年第3期。

② [德]黑格尔:《精神现象学》(下卷),贺麟、王玖兴译:商务印书馆1979年版,第3页。

息"现象层出不穷的尴尬困境。同时,正如麦金泰尔所述,"只有那些具有正义德性的人才有可能知道怎样运用法律"①,在地方政府创新过程中,制度伦理本身所具备的"制度化规范力量"促进了公职人员普遍美德的形成,这样就确保了符合社会伦理要求的制度化创新举措可以真正地落到实处,维持和增进了创新带来的增益效果。

(三) 公平伦理及其创新诉求

1. 公平伦理的提出

如前文所述,作为一种动态的治理模式,公共管理本身蕴含着自我进化的力量,会通过主动地改变而满足现实事件中新生的偏好需求。这种改变在宏观层级体现为"公共管理的目标转换和研究范式的更新",而其最直观的表现则为"制度安排和制度创新标准的变迁"。

公共行政到公共管理的演进过程可以被视为以"效率"为代表的工具理性和以"公平"为代表的价值理性的相互博弈过程,由于两者之间存在着"为了达成效率,必须要牺牲部分平等(公平);为了得到平等(公平),则要牺牲某些效率"②的互不相容的关系。那么,如何在其间作出抉择则成为了政府所面对的现实问题。在这个问题上,无论是西方国家因"效率"绝对化而引发的"大萧条"和"马太效应",还是我国在建国初期因"公平"绝对化而引发的国民经济畸形发展,都证明了公平与效率均不能脱离对方而单独存在,两者间应该为一种相辅相成的兼顾关系。效率与公平之间的兼顾关系并非一种数量上的"平均"关系,而应是一种呈现"主从"态势的"均衡"关系。从历史角度考察,两者之间的均衡点并非是一成不变的,但是在某一个历史时期,必然存在适应社会发展需求的相对的、确定的最佳均衡点。"这就要求我们针对所处社会经济发展态势来决定两者间均衡点的所在"③,在保证两

① [美]麦金泰尔:《德性之后》,龚群译,中国社会科学出版社1995年版,第192页。
② [美]阿瑟·奥肯:《平等与效率:重大的抉择》,王奔洲译,华夏出版社1987年版,第80页。
③ 赵人伟:《对我国收入分配改革的若干思考》,《经济学动态》2002年第9期。

者兼顾的前提下确定该时期所应强调的价值选择。从人类历史发展的进程中考察，在生产力较为落后的情境下，效率是符合社会偏好需求的；而随着生产力的提高，公众对于公平价值的需求日益凸显，这就决定了在社会财富积累到一定程度的情况下，公平必将取代效率成为社会发展的首要价值取向。

自改革开放以来，中国的经济发展取得了长足的进步，2012 年国内生产总值已经达到 519322 亿元人民币，总量已经达到世界第二位。但是在喜人的经济总量的背后，城乡居民人均收入的差距被进一步拉大，其中城市居民的人均总收入为 26959 元，农村居民人均收入 7917 元，两者间的收入差距已经由 1978 年的 2.57 扩大到了 3.4 以上，超出了 3.1 的警戒线[①]。而且需要指出的是这是排除了医疗、教育、失业保障等各种非货币因素的情况下获得的数据，一旦将这些因素全部考虑进去，中国呈现收入差异可能要进一步扩大。也就是说，中国存在着严重的收入分配不公现象，这种收入分配不公不仅体现在城乡之间，在地域间与行业间等亦广泛存在。因此，民众必然性地提出了公平的价值需求，这一需求的意图就是期望政府在实施公共管理时尽可能地凸显公平伦理色彩，以便矫正市场失灵所带来的弊端。

当然，民众对于公平的诉求同样出现在政治领域中。社会可以被视为有着不同利益追求的个人所组成的自由联合体，有着不同利益和目标追求的个体在其交往过程中都承认某些有约束力的规则，并保证在规则范围内展开自己的行动，进而形成了以推进所有参加者利益为目标的合作体系。社会中各个体间的利益间有着不可避免的冲突，这就需要一种原则来对冲突进行调节，维持社会合作体系的稳定、有序和持续发展。而公平"提供了一种在社会的基本制度中分配权利和义务的办法，确定了社会合作的利益和负担的适当分配"[②]，因而成为了社会生活的重要价值。

我们应该认识到：就现阶段而言，公平已经逐渐取代效率已经成为协调社会各个层级成员之间相互关系的基本准则和制度伦理的首要标准，而作

---

① 数据来源于《马建堂就 2012 年国民经济运行情况答记者问》(2013—1—29)中华人民共和国国家统计局网站，http://www.stats.gov.cn/was40/gjtjj_detail.jsp? channelid = 3790&record = 5。

② ［美］罗尔斯：《正义论》，何怀宏等译，中国社会科学出版社 1997 年版，第 3—4 页。

为公共管理主体的政府则是公平伦理的最佳承载者,理应通过运用公共政策这一"对社会价值的权威性分配的制度安排"①来保障社会利益秩序的动态稳定。

2. 公平伦理的内涵

在这里,我们无须再为公平是否具有伦理色彩加以论证,因为从本质上说,公平便是随着人际关系的产生而最先出现的伦理诉求之一。在各个时期,学者们基于自身所处社会发展的水平对于公平的内涵作出了不同的表述:如古罗马法学家乌尔庇安从总体上将公平界定为"使每个人都能获得其应该得到的东西的永恒不变的意志"②,古希腊先贤亚里士多德将公平视为"一切德性的总汇而成的至德"③,麦金太尔则将公平表述为"每个人(包括给予者与授予者)所应得的本分"④。在各个不同的领域,公平所展现出来的特点也各不相同,"在经济领域中,公平表现为各主体之间利益分配的合理性结果;在社会领域,公平则属于对利益关系'应当如此'评价,要求社会以公正的态度对待其每一个成员","前者是一种事实判断,其着重考察生产关系的特性,以结果的公平为标准;后者则属于价值评判,属于道德范畴,其更倾向于对于起点、过程和结果的全方位度量"⑤。

在这种对于公平内涵的讨论中,在政治领域对公平作出系统阐述的当属当代西方知名政治哲学家、伦理学家罗尔斯,他在《正义论》的开篇就明确指出:"正义是社会制度的首要价值,正像真理是思想体系的首要价值一样。一种理论,无论它多么精致和简洁,只要它不真实,就必须加以拒绝或修正;

---

① 伍启元:《公共政策》,商务印书馆1985年版,第4页。

② [美]博登海默:《法理学——法哲学及其方法》,邓正来译,华夏出版社1987年版,第253页。

③ [古希腊]亚里士多德:《尼各马可伦理学》,苗力田译,中国社会科学出版社1990年版,第95页。

④ [美]麦金太尔:《谁之正义? 何种合理性?》,万俊人等译,当代中国出版社1996年版,第56页。

⑤ 参见韩玲:《发展伦理视域中的公平与效率》,汪荣有、孙春晨:《伦理视野下的社会发展——第17次中韩伦理学国际讨论会论文汇编》,安徽大学出版社2009年版。

同样,某些法律和制度,不管它们如何有效率和有条理,只要它们不正义,就必须加以改造或废除。每个人都拥有一种基于正义的不可侵犯性"①,而这种正义,即是一种"作为公平的正义"。在此基础上,他进一步指出了公平的原则"所有社会价值——包括自由和机会、收入和财富、自尊的基础——都要平等的分配,除非对其中的一种价值或所有价值的一种不平等分配合乎每一个人的利益"②。对于政府在实施公共管理过程中为什么要凸显公平伦理罗尔斯给了予严密的逻辑证成,而且还给出了如何凸显公平伦理的解决方案:实施基于差别原则(difference principle)的分配正义(distributive justice)。具体来说,罗尔斯的差别原则涉及这样的内容:"社会的和经济的不平等应这样安排;使它们:(1)适合于最少受惠者的最大期望利益;(2)依系于在机会公平平等的条件下职务和地位向所有人开放。"③换句话说,罗尔斯试图要求政府在实施公共管理过程中消除一切偶然的道德不应得(moral undeserved)因素,所以有些学者也给罗尔斯贴上"运气均等主义(luck egalitarianism)"的标签。④ 不过,政府在实施公共管理过程中过度地凸显公平伦理色彩也并非没有反对的声音,而对此提出最尖锐批判的当属以诺齐克(Robert Nozick)⑤为首的自由至上主义者(Libertarians),他们所诉诸的核心理由就是:过分凸显公平伦理的政府违反了中立性(Neutrality)原则,将一种政府主观认同的"善"强加于公民个体身上。对于这两种逻辑对立的公平伦理我们很难作出"孰优孰劣"的价值判断,或者基于某种双方都认可的共识标准来对它们进行价值排序,它们在地方政府创新过程中都将会存在,这是一个事实,确切地说是一个"多元论事实(Pluralism fact)",而这充分说明了查尔斯·拉莫尔(Charles Larmore)所谓"合理性分歧(Reasonable divergence)"的存在。⑥ 在此基础上,本文认为,在行政领域内,公平伦理即是指行政主体在

---

① ［美］罗尔斯:《正义论》,何怀宏等译,中国社会科学出版社1997年版,第1页。

② ［美］罗尔斯:《正义论》,何怀宏等译,中国社会科学出版社1997年版,第58页。

③ ［美］罗尔斯:《正义论》,何怀宏等译,中国社会科学出版社1997年版,第65页。

④ 葛四友:《运气均等主义与个人责任》,《哲学研究》2006年第10期。

⑤ Robert Nozick, *Anarchy, State, And Utopia*, New York: Basic Books, 1974.

⑥ ［美］查尔斯·拉莫尔:《现代性的教训》,刘擎、应奇译,东方出版社2010年版,第11页。

公共行政过程中将公平作为最重要的理念和原则,通过政策的制定和实施来调整和规范行政组织和公职人员的行政行为,协调、整合和分配公民的权利与利益,以切实地保障社会成员能够有效行使平等权利,均衡实现各种社会群体和个人所应享有的利益需求的伦理精神。①

3. 公平伦理蕴含的创新诉求

(1)以"公平"构建创新合法性基础

(政治)合法性问题,是指政府本身所具备的组织结构、制度安排以及其所制定实施的公共政策是否获得社会成员的自愿遵守和支持的问题②。地方政府创新作为一种公共管理实践,其本身的良性运行必须具备一定的合法性基础;而作为一种公共管理自我完善的途径,地方政府创新本身也担负着为政府增强合法性基础的任务。当前民众对于政治合法性的认识主要来源于中国古代民本主义政治思想,而学界对于政治合法性的思考则多倾向于使用西方的政府合法性理论。本文认为,两者间并不矛盾,具有一定的契合性。详见表3—1。

表3—1 中西方政治合法性基础对比表③

中国古代民本主义政治思想	西方的政治合法性理论	
以重民、爱民、为民为基础的道德正当性	规范主义合法性	重建性合法性
以体察民情倾听民意为基础的政策过程的合理性	经验主义合法性	
以安民、富民、教民、均平等改善民生的"仁政"为基础的政策绩效的有效性		

① 参见周庆国:《行政公平的基本含义和内在意蕴》,《中国行政管理》2010年第2期。

② 谢庆魁:《政府学概论》,中国社会科学出版社2005年版,第151页。

③ 本表观点整理自何增科:《政治合法性与中国地方政府创新:一项初步的经验性研究》,《云南行政学院学报》2007年第2期;[德]哈贝马斯:《重建历史唯物主义》,郭官义译,社会科学文献出版社2000年版,第262—293页。

正如表中所示,中国古代民本主义政治思想中认为政治的合法性基础应包括道德正当性、政策过程的合理性和政策绩效的有效性①;而西方的政治合法性理论则可以分为侧重于从抽象的伦理道德标准和价值规范来对政治秩序进行合法性审视的规范主义合法性范式和着重于研究统治权如何得到被统治阶级认可的经验主义合法性范式以及建立于两者基础上的以主体间对话所形成的共识性规范为基础的重建性合法性范式。本文认为,中国古代民本主义政治思想中的道德正当性对应西方的规范主义合法性范式;政策过程的合理性和政策绩效的有效性对应经验主义合法性范式;而整个合法性基础则可用重建性合法性范式的"交往——对话——共识"的模式加以总结。

重建式合法性范式中政治合法性被界定为对于某种政治秩序被认可的价值②。在这一定义中,合法性是"根植于公共领域中,经由商谈民主的方式所产生"③的,这也将其与同样追寻政治秩序价值的规范性合法性范式区分开来。这样,政治合法性问题就被进一步解析为"找寻民众所认可的价值"问题。从现实层面来看,民众对于"社会不公",特别是经济领域中收入分配不公现象所提出的"减少收入差距,共享发展成果"的呼声是最为强烈的。我们可以说,在当前的中国,"公平"已经成为民众所最为认可且迫切需要的价值。从源头上来考量,"政府受强势群体支配,故对弱势群体的利益较为忽视;政府的自利性导致公共资源被私有化运用,造成了对公共利益的侵害"④等客观现象表明本应担负起维护公平责任的政府却成为社会不公的重要根源。因此,"重塑公平"成为公平伦理作用下地方政府创新的重要主题。这就很好地解释了公共服务和社会管理成为地方政府创新热点的原

---

①　何增科教授的原文中在对中国古代民本主义政治思想中的政府合法性基础的描述中,还存在"以民心向背为基础的政治反抗和政权更迭的合法性"。本文认为此项目确实属于对于政府合法性的基础之一,但是其本身属于对于合法性的终极考量,与前三类并非同一层级的概念,故将其删去。

②　[德]哈贝马斯:《交往与社会进化》,张博树译,重庆出版社1989年版,第164页。

③　张娟:《公共领域、商谈民主与政治合法性》,《湖北行政学院学报》2011年第4期。

④　陈国权:《论政府公平悖论与社会责任》,《政治学研究》2008年第1期。

因:一方面,以"扶助并维护弱势群体权益,完善公共卫生、公共教育和公共安全体系"为重点的创新活动可以在一定程度上改善收入分配不公现象,满足民众的切实需求;另一方面,创新活动中所蕴含的,为广大民众所普遍认可的"公平伦理"的价值更可以进一步为地方政府创新的合法性基础提供有力保障。

(2)以"差别"体现"普遍"意义

地方政府相互之间存在着巨大的经济发展水平、部门传统作风等方面的差异,因而创新经验的推广存在着创新所采取的方法是否具有可复制性;创新所引发的改革是否会遭到旧体制惰性的抵制等方面的问题。我们必须承认,这些客观存在的因素确实制约着地方政府创新的推广,但是同时,从根本上决定某项创新经验能否在各地方政府之间推广开来的真正焦点在于"该项创新所总结的经验是否具有普遍性意义"方面。

从实践层面来看,我国的地方政府创新更多地体现为一种对于民众诉求的回应性反应。这就决定了即使地方政府创新的内容因为本区域的经济、社会与文化发展水平而呈现出自己独特的风格,我们也可以从其出发点来对其进行考量。这样我们就不难发现,在地方政府的创新由"强势群体"利益诉求或政府"非合理性自利性"①所驱动的情况下,创新多为维持强势群体"强势地位"、满足政府部门(或官员个人)利益服务。这种明确的个体受益性使得地方政府创新活动进入了以"口号化、意识形态化和盆景化为特征的误区"②,其可推广性自然无从谈起。无疑,地方政府创新作为一种对于民众诉求的回应,其创新实践理应围绕"强势诉求者"这一"特定群体"的利益诉求所展开。而如何使满足特定群体的利益诉求的地方政府创新活动具有普遍性意义?我们可以从"公平伦理"中找到答案。

本文认为,可以基于公平伦理中所蕴含的"差别原则"来解读"特定群体受益"与"普遍性"意义之间的联系:对于地方政府创新所造成的社会和经济

---

① 王桂云、李涛:《政府自利性与合法性危机——一种基于公共选择理论的分析》,《社会科学家》2010 年第 8 期。

② 杨雪冬:《中国地方政府创新:特点和问题》,《甘肃行政学院学报》2007 年第 4 期。

事实上不平等,我们可以考察创新活动是否满足了"社会中处于最不利状态成员的最大利益",如果满足了这样的条件,我们就可以视这种不平等为可以接受的。在这样的前提下,"社会中处于最不利状态成员"(即当前语境下的"弱势群体")的利益成为了地方政府创新过程中所要考虑的必要因素。这样就使得地方政府在回应民众诉求的过程中始终将弱势群体的利益置于首要考虑的位置,于是就从根本上构建起了创新的立体性视角——即从诉求群体到弱势群体的全方面的利益考量。在这种视角下所总结而成的创新经验自然地具备了一种普遍性意义:在同一问题域中,无论何处的地方政府均可从这一全面的方案设计中找到适合自身所处阶段的有效对策。由此地方政府创新的可推广性也得到了进一步的保证。

小　结

在本章中,我们首先回顾了从"公共行政"到"公共管理"的概念演进,以此为出发点简要地重述了公共事务治理模式的变迁历程。在梳理过程中,我们发现公共管理是一种动态的而非静态的治理模式,甚至它本身还蕴含着一种自我进化力量。作为镶嵌于社会现实中的公共管理对于实践需求保持着高度的"敏感性",一旦现实实践产生了新的偏好需求时,它就会主动地作出适应性改变。在此视角下,传统公共行政模式所固有的"价值缺失"所引发的社会对于"伦理在场"的偏好需求是推动公共管理模式产生并前行的根本原因所在。这种"伦理转向"主要体现在"效率为中心到以服务为中心"的管理目标的转移和"行为主义到后行为主义"的研究范式的更新方面。

随后,我们以行政伦理为视角,以公共管理伦理转向为背景,重新解读了地方政府创新的内涵。本文认为,中国政治发展所秉承的是"微观先行"这一基本逻辑,因此,公共管理的伦理转向所要求的公共事务治理模式的转换必须借由"政府创新"这一方式渐进式地实现;同样基于这一基本逻辑,地方政府成为了政府创新的第一推动集团。地方政府在创新过程中对于"伦理路径"的选择既源于"顶层设计"的期许,更来自"伦理缺位"的现实。由此,地方政府创新已成为公共管理这一社会治理模式回应民众"伦理在场"

偏好需求、实现自身伦理转向的最直接践行方式。在行政伦理的视角下,地方政府创新的实质即为"地方政府对'负责的政府''良善的制度'和'公平的社会'等呼唤中所蕴含的'责任伦理''制度伦理'和'公平伦理'诉求的实践回应"。上述三种伦理应成为地方政府创新过程中所应着意考察和彰显的重要价值面向,其所蕴含的"向民负责——让民众评议政府、让政府回应民众、让民众追究政府责任";"循'善'易'制'——以伦理评议现有制度、依伦理甄选新生制度";"秉公、济弱——以公平构建创新合法性基础、以差别体现普遍意义"等伦理精神是地方政府推进创新进程的核心导向所在。

本章是对第一章中行政伦理与地方政府创新的契合性解析的延伸研究。本章最为重要的意义在于从行政伦理视角出发对地方政府创新内涵所进行的重新解读。在此基础上所构建出的以责任伦理、制度伦理和公平伦理为核心的地方政府创新过程中应遵循的创价值导向体系是进一步分析地方政府创新困境的重要理论基石。

第四章 地方政府创新困境与伦理缺失

"无论在何种政治体制下,政府创新都不是一件容易的事情。"[1]作为一项推陈出新的微观改革活动,地方政府创新时刻面对着来源于官僚体系内部、政治环境和外部社会环境的阻碍。在其影响下,地方政府创新面临着"责任认定方面、范式更新方面、结构传统方面、推广沿袭方面和动力保持方面"[2]的重重困境。而在我国的地方政府创新实践中,"推动力不足""持续性不高"和"受益者偏移"是目前最为显著的阻力和障碍。在本章中,我们将对地方政府创新所面临的上述三种困境加以研究和分析,试找出导致创新陷于困境的真正原因所在。

一、谁来创新:创新推动力不足与责任伦理的缺失

正如第三章所述,在目前中国政治发展"微观先行"的基本逻辑下,地方政府成为了政府创新的"第一推动集团"。基于此观点,似乎并无再次提出"谁来创新"这一问题的必要。但是我们必须清晰地认识到,在这一观点中"地方政府"是作为与"中央政府"相对应的整体性概念而提出的,因此,我们可以将其视为宏观视野下对于政府创新发生于地方层级的合理性进行的解

---

① 俞可平:《中美两国政府创新之比较》,《学术月刊》2012 年第 3 期。

② Alan Altshuler and Robert Behn,"The Dilemmas of Innovation in American Government,"in Alan A. ALTshuler and Robert D. Behn(ed):Innovation in Amercan Government: Ghallenges,Opportunities and Dilemmas. Brookings,1997,pp. 3—38. 转引自俞可平:《中美两国政府创新之比较》,《学术月刊》2012 年第 3 期。

读,故其更多地体现的是一种宏观指向性意义,而非微观指导性意义。在具体的公共管理实践中,我们不能笼统地套用"中央——地方"的宏观二元结构来研究微观层级的地方政府创新活动,而应该从二元结构中所蕴含的"上级领导者——基层实践者"这样的纵向角色模型来对创新实践进行审视。

"上、下级"式的纵向等级结构是官僚制的重要特征,无论是我国现行的"中央、省级、地级、县级、乡级"类的宏观政府间层级管理体制,还是政府内部的"部、厅、处、科"等机关间层级设置中都体现着这种结构设计。在这样的纵向等级结构中,上下级政府或行政机关之间是领导者与被领导者的关系,而在地方政府创新实践中,我们可以用"上级领导者和基层实践者"的表述方式来概括这种关系。当然,等级结构的联结性决定了除去居于序列中顶端和底端的两个个体(政府或行政机关)外,所有的个体都具备"领导者和实践者"的双重身份,但是在具体的某项创新实践中,这种身份是相对固定于创新组织之中的,这样就便于我们以这一角色模型为基础对地方政府创新展开进一步的研究。

从过去十余年的地方政府创新的实践来考察,"县级行政区始终是发起和实施政府创新的最活跃主体,地方政府创新的活跃程度呈现'县级——地级——(副)省级'的序列"①。对于这一现象,学界一般认为愈贴近基层的政府(或行政机关)与民众的关系也更加密切,对于社情民意有着较为准确的把握,也更容易对民众的诉求做出回应性反应,促成地方政府创新的自下而上的发生。但是本文认为,这一现象的产生有着复杂的原因:在多数情况下,民众的诉求对于地方政府而言是一种"压力",这种压力并不能简单地直接转换为创新的"动力",基层地方政府在更多的情况下更倾向于依照"上级领导者"的指示自上而下地推动创新进程②。也就是说,在相当多的情况下基层地方政府仅因其直面问题的"基层地位"而无奈地被动充当着创新政策的"执行者"而非"创造者",基层地方政府处于"新"并非"地方"所创的尴尬境遇。这里的非"地方"所创包含有两种含义:首先,在创新主体方面,具体

---

① 参见何增科:《中国政府创新的趋势分析》,《北京行政学院学报》2011 年第 2 期。
② 陈雪莲、杨雪冬:《地方政府创新的驱动模式——地方政府干部视角的考察》,《公共管理学报》2009 年第 7 期。

的创新方案是由"上级领导"而非基层"地方"政府所作出；其次，创新方案来源于其他地方政府的成功经验，并非本"地方"政府所制定。

如第三章所述，在宏观层级，地方政府已经具备了创新所必需的弹性制度空间；在微观层级，地方政府，特别是基层地方政府对于民众诉求的了解和把握是最为及时和全面的。在这种前提下，基层地方政府所欠缺的并非是客观的创新要素，而是主观的创新意愿。基层地方政府并非不能创新，而是不愿创新。这种"不愿"指的是基层地方政府对于"主动承担起创新工作"的抵触，并非是对创新本身的否定，相反，基层地方政府对于创新的效用是最为敏感的，其对于创新的渴求程度也相当高。

究竟基层地方政府为何在具备了创新的客观条件的情况下反而缺乏主动发起自下而上的创新的意愿？地方政府的创新主体的角色究竟应由谁来扮演？我们试以责任伦理的视角来对其进行初步的剖析。

（一）"自下而上"与"自上而下"的矛盾

政府构建过程中所秉承的官僚制组织结构决定了其内部必然呈现出纵向的等级框架，政府（及行政机关）之间必然有"上下级"之分。以宏观的视角来观察，"上"与"下"的划分具有相对性，我们不能单纯地将某一政府（或行政机关）界定为绝对的上级或者下级，"上下"仅是对各行政主体间在行政序列中的位置与隶属关系的描述；以微观的视角来观察，在某一特定的行政环境或具体管理实践中，上下级之间呈现出一种"命令——服从"式的领导关系，我们可以清晰地将两者区别开。上级行政机关相对于下级行政机关而言拥有更多的行政权力和行政资源，下级行政机关则对现实情况更为了解。基于上下级所具备的各自不同的特点，政府内部也形成了"自下而上"和"自上而下"两条不同的管理路径，并在此基础上形成了相应的组织文化。① 地方政府创新活动中创新者也同样面对着这两种创新路径的选择问题。

---

① Elcanor D. Glor *Innovation Pattern The Innovation Journal*：*The Public Sector Innovation Journal*，2001，Volume 6（3）.

1."自下而上"创新路径

"在某种意义上,地方政府创新实践的兴起,更多的是因为当前的政治和行政体制改革无法实现结构性突破,所以不得不绕开体制的核心而从体制外围和边缘入手的产物。"[1]当前中国政治发展的"微观先行"的基本逻辑即是在这种情境下产生的。地方政府在宏观层面成为了政府创新的"第一推动集团"。

对于地方政府,特别是处于相对基层的地方政府而言,其必须要面对社会政治、经济生活中民众、社会组织和市场中各经济主体对于保障个体合法权益、提升自身自主性和政治地位以及维护市场经济秩序等方面的现实诉求。在这里,"地方政府"或者"基层地方政府"的表述方式略显生硬,微观层级的"上下级"政府的描述方式更为贴切。在地方政府创新实践中,下级政府可以更为直观地与当地的民众与市场主体相接触,对于其利益要求的了解和把握也更为及时和深入,同时"习俗与语言的渊源亦可以在一定程度上拉近地方官员与民众之间的距离,促使民众积极参与到地方政府创新行为中来"[2]。因此,下级政府针对民众所提及的现实问题总结的对策所形成的创新方案往往更为鲜活和有效。"自下而上"的创新路径即是指下级政府为回应民众诉求而直接发起创新活动,上级政府对其创新经验进行审核后加以采纳推广的地方政府创新路径。详见图4—1。

这种"民众(提出诉求)"——"下级政府(作出回应)"——"上级政府(采纳推广)"的创新路径中,创新方案是在下级政府回应民众合理诉求的过程中逐渐形成的,上级政府的作用集中在对方案的政治正确性、实际效用性和推广可能性进行考量的方面,在创新方案形成之前并不会对创新活动作出过多的干涉。因此,依照这种路径所进行的创新实践活动中政府所采取的方式较为灵活,产生的成果也呈现出多样化的特征,在技术、制度和理念

---

① 何显明:《顺势而为——浙江地方政府创新实践的演进逻辑》,浙江大学出版社2008年版,第28页。

② 陈家刚:《地方政府创新与治理变迁——中国地方政府创新案例的比较研究》,《公共管理学报》2004年第11期。

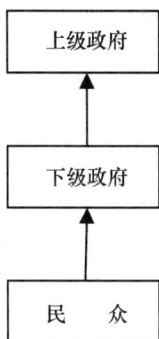

图4—1 自下而上的创新路径

等方面均有体现。

2."自上而下"创新路径

就政府本身而言,推动其创新的动力并非仅限于民众的诉求方面,来自其上级政府的改革压力也同样存在。从宏观上来看,中央层级的政府推行创新的出发点多集中于维护自身政治合法性方面,希冀通过创新来回应社会民众的偏好和要求,保障其执政地位。相对于地方政府而言,中央政府在"权力分配、权力制衡(即监督)、职能配置和绩效考核方面"①都居于主导地位,所以地方政府必须依照中央政府的偏好来调整自己的行政行为。而且这种主导地位并非仅存在于中央政府与地方政府之间,因为我国政府组织模式所具有的"职责同构"②的特征,所以这种主导性关系同样也存在于"上级与下级"政府之间。从微观上来看,就目前而言,"管制型控制模式"虽然在社会管理方面有所放松,但是在政府内部依旧影响力巨大,在这种管理模

① 王焕祥:《中国地方政府创新与竞争的行为、制度及其演化研究》,光明日报出版社2009年版,第135页。

② 职责同构的模式是指纵向上不同层级的政府所具有的职能、职责和机构设置趋于一致,各级政府之间的职责具有高度的相互对接性。在此模式的影响下,各级政府间组织结构多以"机构对口"为特征,下级政府的职能配置和机构设置必须与上级政府相对齐。因此,"中央政府对于地方政府的主导性优势"在此种模式下亦适用于"上下级政府"之间。参见张紧跟:《纵向政府间关系调整:地方政府机构改革的新视野》,《中山大学学报》2006年第2期。

式下,上级政府的意志主要通过政策文件和政治运动的方式在下级政府中得以贯彻。在两者的共同作用下,形成了"自上而下"的创新路径。具体来看,"自上而下"的创新路径指的是下级政府为回应上级政府改革要求而依照相关政策或创新方案实施创新活动的地方政府创新路径。详见图4—2。

```
┌──────────┐
│  民    众  │
└──────────┘
     ┆
     ▼
┌──────────┐
│ 上级政府  │
└──────────┘
     │
     ▼
┌──────────┐
│ 下级政府  │
└──────────┘
```

图4—2　自上而下的创新路径

这种"上级政府(选定方案)"——"下级政府(贯彻执行)"的创新路径中,创新方案主要由上级政府所预先选定[①],上级政府通过对下级政府对创新方案贯彻执行的过程及结果的考察来总结经验教训,决定是否推广。在这种创新路径下,民众的诉求主要汇集于上级政府所预先选定的创新方案中(但是我们并不能排除上级政府在选定创新方案中的自利性,在一定情境下,这种政府的自利性甚至压倒民众诉求,成为上级政府推动创新的主要动因,因此在图4—2中以虚线标识,标明这种不确定关系),下级政府仅需依照上级政府选定的方案完成创新工作即可。故依照这种路径所进行的创新活动带有浓厚的实验性色彩,产生的成果多集中在如何落实已有创新方案的技术层面。

通过对于两种创新路径的总结,我们可以较为清晰地了解到,两种路径间最大的差异源于其创新推动力的不同:依"自下而上"的创新路径而作出的政府创新更多地由社会民众的诉求所推动,而依"自上而下"的创新路径

---

① 上级政府所选定的创新方案亦分为两种:由自身拟定的方案、其他地方政府成功创新经验总结而成的方案,而按照创新方案来源的不同,又可以将依照自上而下路径而进行的创新分为原创性实验型创新和推广性实验型创新。

而产生的政府创新则较多地体现出上级政府的创新意愿。当然,这两方面的动因是客观存在于地方政府创新过程中的,我们不能对其进行孰优孰劣的简单评价,但是从具体的创新性质来考察,"自下而上"的创新突出回应性,应为一种常态化的创新途径,"自上而下"的创新突出实验性,应是一种偶发的创新途径。依照这种推断,"自下而上"应成为地方政府创新的主要路径,回应社会民众诉求应该成为地方政府创新的主要动力,"自上而下"应属于地方政府创新的补充路径,回应上级政府创新要求应成为地方政府创新的次要动力,但是这种理论方面的应然性论断未能在创新实践中得到证实。相反,据学者统计,以过去五届地方政府创新奖入围案例为总体考察对象,依照"自上而下"路径所产生的以对于上级目标或者政策意图进行回应为特征的创新所占比例高达77.8%。① 虽然作为统计基础的创新奖入围案例可能或多或少地受到评选者个人偏好的影响,但是在总体上我们已经可以确定在当前的地方政府创新过程中,"自上而下"已经成为政府创新的主要路径,上级政府认可已经成为创新的最重要动因②。在实践层面,地方政府创新所依靠的是上级政府(或领导)的推动,"上级政府"在真正意义上扮演着地方政府创新的主体角色。

那么,在这里我们就回到了本节开始时提到的问题,即究竟基层地方政府——即"下级政府"为何在具备了创新的客观条件的情况下反而缺乏发起自下而上的创新意愿? 本文认为,这一现象在现实层面源于制度演化过程中"路径依赖",在伦理层面,则可以视为下级政府责任伦理的缺失。

所谓路径依赖(path dependency),即指"原有的制度安排将很大程度上地影响到制度创新的进程"③。具体来说,"某项制度安排一旦形成,在系统

---

① 参见杨雪冬:《过去10年的中国地方政府改革》,《公共管理学报》2011年第1期。

② 在以第四届和第五届创新奖入围项目为对象的研究中,"上级部门的认可"均被相关创新主体视为"最希望获得的外部支持""影响创新项目实现间隔时间"和"证明创新成功与否"的最重要因素。参见杨雪冬:《过去10年的中国地方政府改革》,《公共管理学报》2011年第1期。

③ 金太军、沈承诚:《区域公共管理制度创新困境的内在机理探究》,《中国行政管理》2007年第3期。

的外部性学习过程和其所派生的主观主义模型的作用下将获得持续的强化"①,"当初始制度形成之后,如其报酬呈现递增状态,则可以将其视为良性的路径依赖;如报酬开始呈现递减状态,而可以从初始制度中获益的组织则会阻挠新制度创新的产生,致使组织锁定于低效率的状态,这种情况被称之为恶性的路径依赖"②。当前我国的行政体制发展即处于"管制型控制模式"的路径依赖之中,而这种模式的显著特征即在于中央集权的权属分配、职责同构的组织模式和政令导向的组织文化。地方政府创新过程中的"路径依赖"是指地方政府的管理机制对管制型控制模式有较强的依赖性,依照这种模式所进行的行政行为的不确定性将会大幅减少,行政成本也会随之降低,因此,地方政府的决策和执行流程亦得以固化下来,整个地方政府创新行为锁定在低效率的状态中。"自上而下"的创新路径即由此产生,并因其在"降低制度设计成本、避免其他地方政府'搭便车'现象以及确保各层级政府或部门之间的协调与合作"③等方面的优势而成为地方政府创新的主要路径。

我们可以从行政伦理的视角来对下级政府缺乏创新意愿的现象进行进一步的挖掘。本文认为,下级政府之所以倾向于选择"自上而下"的创新路径,背后所隐藏的是对其自身所担负的多层级责任之间的次序(in order)取舍。正如第三章所述,相较于民众被搁置和虚化的委托人角色,组织领导等"科层制权力结构的上级"的委托人角色显得更为直观,并且与下级政府切身利益直接相关的"奖惩考核"的结果更多地由上级政府所决定,所以下级政府更倾向于对上级政府这一委托人负责,将完成上级政府的指令作为其最重要甚至是唯一的职责,进而有可能无视、曲解甚至违背民众的利益诉求。具体来看,对下级政府而言,如果其应民众利益诉求而直接发起的"自

---

① [美]诺斯:《制度、制度变迁与经济绩效》,刘守英译,上海三联书店1994年版,第132页。

② [美]诺斯:《经济史中的结构与变迁》,厉以宁译,上海三联出版社1994年版,第21页。

③ 杨嵘均:《构建服务型政府的制度供求因素、创新困境及趋势》,《南京社会科学》2011年第5期。

上而下"的创新活动不能得到上级政府的认可与支持的话,那么,创新所带来的多重成本(包括政治、经济和社会等层面,下级政府尤其注重其中的政治风险)必须由其独自承担;如果下级政府选择"自上而下"的创新路径对上级政府的创新意愿进行回应的话,那么,依照上级所选定方案而进行的创新实践不仅不会为其造成难以承受的政治风险,而且下级政府还可以享有创新为其带来的政治、经济与社会方面的收益。基于"理性"的成本——收益的评估后,下级政府发现借由"自上而下"的路径所进行的创新活动是一种低风险高回报的"搭便车"行为①,既体现了对上级政府的负责又降低了创新所可能为己带来的风险责任;而依照"自下而上"的路径所进行的创新活动是一种高风险低回报的行为,仅对民众的利益诉求作出了回报未定的回应且额外担负起了创新可能带来的风险。因此,下级政府自然更加倾向于选择对上负责且风险较小的"自上而下"创新路径,而对下负责且风险较高的"自下而上"创新路径则表现出一种"选择性无视"的非正常态度。路径之争中所蕴含的是一种明显地责任伦理的缺失。

(二)"被动回应"与"主动回应"的差异

上文中对于不同创新路径的研究可以为我们指明地方政府倾向于选择"自上而下"的低效率路径的原因所在。在此基础上,我们试从"回应性"的视角出发,找出地方政府创新缺乏"主动"意愿的缘由。

"回应是公共管理责任的基本理念之一,政府回应即意味着政府应对……民众的诉求作出反应,采取积极措施来解决诉求问题。政府应深刻地了解民众的需求,(政府的)回应不仅包括民众事前所表达的需求,更应洞悉先机,以前瞻性的行为来研究和解决问题。"②在此基础上,我们可以依回应

---

① 燕继荣教授认为,"搭便车"并非仅出现在分配利益的时候投资与收益的不平等方面,同样,当有人可以不用为自己的行为承担必要的责任的情况下,依旧可以认为其行为是具有"搭便车"性质的。参见燕继荣:《政府创新与政府改革——关于中国政治发展目标的路径的思考》,《中国行政管理》2006年第11期。

② [美]斯塔林:《公共部门管理》,陈宪译,上海译文出版社2003年版,第132页。

主体的主动性而将政府回应分为"被动"和"主动"两种①;其中被动回应的对象为民众已经明确提出的诉求;而主动回应的对象则是民众尚未提出的,潜在的要求。

毋庸置疑,地方政府创新是政府回应的重要方式。从总体上来看,目前我国的地方政府创新实践多属于"问题驱动型"②,创新观念和行为多为问题所引发的"民众诉求"③所推动,因此当前绝大多数的地方政府创新活动均可归类为政府对于民众诉求的被动回应。故我们在此将地方政府创新同样划分为被动回应型和主动回应型两类进行简要介绍④,以期帮助我们找出地方政府缺乏创新主动性意愿的原因所在。

1. 被动回应型创新

被动回应型创新,是指地方政府以民众已经提出的诉求为动因所推动的创新活动。被动回应型创新是地方政府创新的最常见形式。在此类创新过程中,民众所提出的各种诉求为创新的起点,之后经由一定的渠道通达至地方政府,由地方政府加以甄别,选择合适的方式展开创新,以满足民众的合理诉求。民众可以对地方政府的创新活动加以评议反馈,并提出新的诉求。

此种创新方式之所以被称之为被动的,是因为地方政府只有在接收到民众的诉求的基础上才能被动地以发起创新的形式来解决诉求所提及的问

---

① 当然,对于政府回应的分类不止被动和主动两种,如陈国权教授将政府回应分为内部回应和外部回应两种,李伟权教授将政府回应分为狭义的政府回应(职能性和诉求性),广义的政府回应(责任性和前瞻性)等类型,但是在本部分的论述中,我们主要采取的是"被动回应和主动回应"的分类方式来对观点加以论证。参见陈国权:《责任政府:从权力本位到责任本位》,浙江大学出版社2009年版,第88页;李伟权:《政府回应论》,中国社会科学出版社2005年版,第35页。

② 陈雪莲:《地方政府创新的驱动模式》,《公共管理学报》2009年第7期。

③ 这种民众诉求并不一定由民众所提出,也可能蕴含于上级政府的创新政策指令中,在这里我们不再过多考量诉求是否由民众所直接提出,直接以"民众诉求"进行概括性指代。

④ 本部分内容参见李严昌:《当代中国政府回应过程研究》,中国政法大学研究生学位论文,2009年。

题。被动回应型创新在实行过程中面临着民众传递诉求的渠道不畅和地方政府在面对"非重大事件"时的"体制性迟钝"等方面的困境。这种困境在许多情境下可以由"人"的因素所弥补:如民众寻找合适的代理人来向地方政府传递诉求;领导者的责任感可以在一定程度上缓解"体制性迟钝"。但是就根本而言,这种被动性的创新模式的政治效率不高,并且可能带来较为严重的负面示范效应。

2. 主动回应型创新

主动回应型创新,是指地方政府以民众潜在的利益需求为出发点所进行的创新活动。主动回应型创新的主要作用并不在于解决行政过程中所出现的事务性具体问题,而更多地着眼于通过创新行为前瞻性地维护社会和民众的公共利益。在此类创新过程中,以地方政府所预判的潜在性利益诉求为创新的起点,地方政府就创新方案征集各方面民意,之后由地方政府按照民意的反馈来对方案加以修正并实施。

此种创新方式的"主动性"即体现在地方政府主动"问需于民、取策于民"的过程中。主动回应型创新在实行过程中的难点主要出现在如何准确征询民意方面,地方政府在体察民情、把握民意方面尚缺乏必要的动力和手段,但因其可以在民众政治参与热情不高的情况下发挥对民众利益表达的替代效应,所以在当前民众意识淡薄的现实政治环境下,主动回应型创新的现实意义显得尤为突出。

根据以上的简要描述,我们可以清晰地认识到,与被动回应型创新相比,主动回应型创新的效果更好,更加符合当前政治环境的需求。但是为何当前地方政府依旧倾向于选择前者呢,我们试从行政伦理的视角出发对其进行解析。

依照认定程度的不同,我们可以将伦理责任划分为"追溯性责任"和"前瞻性责任"两类。其中,追溯性责任的特点在于"以过去为导向,依照后果而追究某一特定行为者的责任"[1],其所考察的基础是行为的因果关系,即行为者应为其行为的过失承担责任。前瞻性责任则认为在错综复杂、交汇重叠

---

[1]　甘绍平:《应用伦理学前沿问题研究》,江西人民出版社 2002 年版,第 125 页。

的社会网络中,责任不能被简单地归结为"某一特定行为者的行为"所导致的,因此将责任的导向界定为"未来的行动","这种责任以未来的行为为导向,是一种预防性责任,或前瞻性责任,或关护性的责任"①。但以上源于应用伦理学的责任分类方式在并未完全体现于政府的评估体系中:即在政府评价考核过程中,担负起"前瞻性责任"而进行的主动回应型创新并不会为创新主体带来确定的可预期收益;而被动回应型创新则可以较为有效地缓解创新者面对以追究"追溯性责任"为主的问责制所带来的压力。两相权衡之下,在缺乏利益驱动的情况下,民众诉求所带来的压力驱动成为了地方政府创新的主要动因。因此,地方政府更加倾向于选择被动回应型创新方式。

二、怎样持续:创新持续性不高与制度伦理的缺失

从时间上考量,我国的地方政府创新广泛兴起于 20 世纪 90 年代末,至今已有十余年的时间。总的来说,近年来地方政府创新的数量和涵盖面均有较大幅度的增长,势头喜人。但是随着时间的推移,地方政府创新持续力不足的现象也逐渐显现出来,学者们在对诸多创新案例进行跟踪研究之后,得出了地方政府创新持续性不高的结论②。这其中甚至不乏影响力较大的创新项目,即便曾获得地方政府创新奖的项目,亦有差不多三分之一已经名存实亡了③。持续性不高已经成为地方政府创新发展所亟待解决的困境。

---

① 赵清文:《论公共危机管理中的政府责任伦理》,《齐鲁学刊》2011 年第 1 期。

② 如包国宪教授选取 112 个案例样本进行研究之后,发现其中具有可持续性的案例和仍需后续确定的案例分别只有 34 个和 4 个,两者之和依旧只占全部创新案例的 33.9%。王正绪副教授也通过对于中国象征基层民主发展的考察得到了类似的结果,虽然最终数字结果学界尚有争论,但是其研究中所表明的地方政府创新持续性较低的现象在学界已经有了一定的共识。参见包国宪、孙斐:《演化范式下中国地方政府创新可持续研究》,《公共管理学报》2011 年第 1 期;彭淑:《地方政府制度创新是"民主秀"?——两位政治学者的观点碰撞》,《南方人物周刊》2010 年第 41 期。

③ 高新军:《地方政府创新缘何难以持续——以重庆市开县麻柳乡为例》,《中国改革》2008 年第 5 期。

学者们的研究表明,地方政府创新的持续性不高的主要原因在于创新推动者调离、创新成本过高和创新缺乏群众基础等方面①;并进一步将影响创新可持续性的因素总结为内生决定因素、外生决定因素和主观决定因素三方面②。虽然学者们从自己的研究领域和方向入手所得出的结论呈现出了多样化的特点,但是从宏观的视角来审视,缺乏制度保障是地方政府创新难以持续的最重要原因③。

地方政府创新所需的制度保障可总结为两个方面:首先是需要一种具有弹性的制度空间,其次是需要将创新经验以制度化的形式固化下来。本文认为,在经由十余年的发展历程后,各级政府在众多创新经验与教训的基础上已经逐渐认可了"弹性制度空间"和"经验制度化"对于地方政府创新持续性的保障作用,并在实践中通过"划定试点、制定规章"等方式放松制度约束、固化创新经验,并取得了一定的成就。因此本文认为,在当前地方政府创新过程中,"缺乏制度保障"有着更深层次的含义,即地方政府并非绝对性地缺乏客观上的"制度保障",而是在主观上无法有效地运用"制度保障"。这一现象亦体现在两个方面:一方面,地方政府缺乏一种标准来辨别现有的制度导向是否正确,以便充分地利用弹性制度空间;另一方面,地方政府虽然有将创新制度化的意愿并勇于作出尝试,但很难从创新经验中甄别出可以上升为制度并固化下来的内容。

从根本上来看,无论是对现行的制度导向加以判断还是对创新经验成果加以甄别,实质都是对制度中伦理价值的探寻。因此我们可以认为,地方政府创新缺乏制度保障的现象中所折射出的是创新过程中制度伦理的缺失。

---

① 毛铖等:《地方政府创新的热点领域与制度化研究——对中国地方政府创新奖入围项目的分析》,《中共云南省委党校学报》2011年第3期。

② 王焕祥:《中国地方政府创新与竞争的行为、制度及其演化研究》,光明日报出版社2009年版,第185—194页。

③ 俞可平:《政府改革创新:来自1500多个案例的十大启示》,《半月谈》2012年第5期。

（一）"政治合法性"与"法律合法性"的冲突

地方政府创新作为一种公共管理实践,其本身的良性运行必须具备一定的合法性基础;而作为一种公共管理自我完善的途径,地方政府创新本身也担负着为政府增强合法性基础的任务。作为一个综合性概念,在"合法性"众多的身影中,政治合法性和法律合法性是作用域最为广泛的两个形态。地方政府创新过程中也存在着这两种不同的创新导向,而政治合法性与法律合法性之间的相互冲突,往往是造成创新无法持续的重要诱因所在。

1. 政治合法性导向

正如第三章所述,政治合法性问题,是指政府本身所具备的组织结构、制度安排以及其所制定实施的公共政策能否获得社会民众的自愿遵守和支持的问题[1]。而政治合法性则是指社会民众对特定政权政治统治正当性的判断,以及对其统治权力的自愿承认和服从[2]。当政府获得源于社会民众的自愿拥护时,其政权行使的效力和政局的稳定才会得到根本的保证。[3]

对于政府(无论层级)而言,怎样才可以得到社会民众的支持和认可,保障其所施行的政治统治被民众视为正当、合理的,并而得到民众的自愿拥护和服从,都是摆在其面前的现实问题。在不同的国家和不同的社会发展阶段,学者们对于政治合法性来源有着不同的解读。如韦伯认为现代国家的政治合法性基础应该是法理型的,即以完备的法律程序实现合法化。伊斯顿(David Easton)认为意识形态、结构和个人品质构成了合法性的来源[4]。而弗雷德里奇(Carl Friedrich)认为政治合法性的基础由宗教信仰、正义观、传统观念、程序观念和有效性五大基础共同构成。[5]

---

① 谢庆魁:《政府学概论》,中国社会科学出版社 2005 年版,第 151 页。

② 何增科:《地方政府创新,从政绩合法性走向政治合法性》,《中国改革》2007 年第 6 期。

③ 白钢:《论政治的合法性原理》,《天津社会科学》2002 年第 4 期。

④ [美]戴维·伊斯顿:《政治生活的系统分析》,王浦劬译,华夏出版社 1999 年版,第 317 页。

⑤ Carl Friedrich. *Man and His Government: An Empirical Theory of Politics*, NY: Mc-Craw-hill Book Company Inc. ,1963.

当前我国的政治合法性基础可分为两个方面,即以结果合法性为表征的"政绩合法性(即通常意义上的有效性)"和以程序合法性为基础的"民主法治合法性(即通常意义上的合法性,亦可被视为狭义的'政治合法性')",两者共同构成了转型期中国政治合法性的基本要求。

于是,作为增强政府政治合法性重要途径的地方政府创新有了明确的前行导向——对民众诉求的回应需满足结果有效和程序规范的要求,这样才能够确保创新可以为地方政府提供政治合法性基础。经由十余年的发展历程,地方政府创新亦不负众望,以多种方式在多个领域不断增强着政府的政治合法性。详见表4—3。

2. 法律合法性导向

法律合法性这一概念有两重含义:"第一,考察某一主体的行为是否与法律相违;第二,考察某项公共权力或政治秩序的正当性、权威性和有效性是否源于良善的道德基础。"①易言之,法律合法性所省察的合法性存在于以下两个方面:行政行为是否与法相合;包括法律在内的规章与制度是否符合以"道德性"为表征的"法的精神"。

严格地说,法律合法性是政治合法性的重要组成部分,在上文对于政治合法性导向所进行的论述中的"民主法治合法性"基础即可被视为法律合法性的别样表述。而"近代以来合法性论证所针对的对象由统治者向政治制度或政治秩序本身的变迁……使得法律合法性的作用逐渐显现,法律合法性成为能与政治合法性并称的合法性概念"②。"依法行政"亦在当代成为地方政府创新,以及所有行政行为所应该遵循的前行导向。创新内容是否与法相合,创新所形成的方案和政策是否体现了"法"的精神均需地方政府在创新过程中着意考量。

---

① 任中平、李睿:《论政治合法性与法律合法性的关系及其调适》,《政治与法律》2007年第6期。

② 参见王贵贤:《从政治的合法性到法律的合法性》,《国外理论动态》2008年第4期。

表4—3　地方政府创新对政治合法性的强化作用①

衡量政治合法性标准	创新分类	创新内容	创新所符合标准	结论
1. 发展经济、富国强民； 2. 改善收入分配,促进社会公平； 3. 建立廉洁和透明政府,增强公民对政府的信任； 4. 提供优质高效的公共服务,满足公众对政府的需要； 5. 勤政爱民、公道正派、清廉自持、增强道德正当性； 6. 推动选举民主和代议民主,增强授权来源合法性； 7. 推进协商民主,增强决策合理性和合法性； 8. 建设法治国家、增强法律合法性。	政治改革	民主选举； 公民参与； 政务公开； 决策改革； 立法改革； 司法改革； 权力监督； 干部选举	1. 2. 3. 5. 6. 7. 8	从多方面直接增强了政治合法性
	公共服务	扶贫济弱； 弱势群体维权； 公共安全； 公共卫生； 公共教育； 社区服务； 农村服务； 环境建设	2.4	直接增强了以政绩为基础的政治合法性
	行政改革	行政审批； 行政程序； 行政激励； 行政责任； 绩效管理； 社区管理； 户政管理	3. 4. 6. 8	间接增强了政治合法性

---

① 整理自何增科:《政治合法性与中国地方政府创新:一项初步的经验性研究》,《云南行政学院学报》2007年第2期。

在经由以上的简要介绍后,我们可以发现,政治合法性和法律合法性在实践层面上分别代表了"社会民众对政治统治的自愿服从和认同",以及"政府行为,即公共权力的运用必须依照法律及'法的精神'进行"这两个方面的合法性标准,而在理论层级则共同统一于对于创新过程中道德信念的认同方面。地方政府创新的政治合法性导向和法律合法性导向从本质上来看应为相辅相成、有机统一的关系,"政治合法性是法律合法性的基础和前提,法律合法性是政治合法性的限度和保障"①。

那么为何地方政府创新过程中,政治合法性和法律合法性相互之间会产生冲突?本文认为,这是因为我国行政实践中对于两种合法性的异化解读所造成的。

在政治合法性导向方面,区别于论述中所提及的合法性"多元化基础理论",诸多后发国家在进入现代化进程后,面对沉重而又繁杂的政治压力,都力图寻找一种效果最为显著的政治合法性基础。在这种情境下,相对于民主法治建设等见效间隔过于漫长的途径而言,能够切实提升民众生活水平的"政绩"是最容易在短时间内获得民众的认可和支持的。在此思路作用下,"60—70年代的威权主义政权几乎无一例外地选择'政绩'作为(政治)合法性的主要来源之一"②。"程序合法性相较于结果合法性而言居于次要地位"③。而这种思路同样也作用于我国政府的政治合法性构建过程中,以"改善绩效、提高经济发展速度和民众生活水平"④为特征的"政绩合法性"已逐渐被视为最为重要的合法性衡量标准⑤。于是,有效性、回应性等具有

---

① 任中平、李睿:《论政治合法性与法律合法性的关系及其调适》,《政治与法律》2007年第6期。

② [美]亨廷顿:《第三波——20世纪后期民主化浪潮》,刘军宁译,三联书店1998年版,第59页。

③ [美]亨廷顿:《第三波——20世纪后期民主化浪潮》,刘军宁译,三联书店1998年版,第312页。

④ 彭国普等:《政绩合法性与政府绩效评估创新》,《湘潭大学学报》(哲学社会科学版)2008年第1期。

⑤ 杨雪冬:《过去十年的中国地方政府改革——基于中国地方政府创新奖的评价》,《公共管理学报》2011年第1期。

后果主义导向性的指标在地方政府创新评判体系中所占比重日益上升,经济效益成为左右地方政府创新方向的最重要因素。①

在法律合法性导向方面,当前衡量地方政府创新法律合法性的"法"还停留在狭义上,即着重于考察实在的法律条文,倾向于以创新行为是否"与法律一致"作为其判断标准②,对于现行政治秩序本身的合法性(即其中的道德性)进行的审视相对较少。已经成文的法律、法规等高层级政治秩序作为不可动摇的既定事实成为了地方政府创新难以逾越的鸿沟。

在这种情境下,异化了的政治合法性导向和法律合法性导向之间的矛盾开始显露出来。一方面,由政治合法性异化而来的"政绩合法性"要求地方政府必须有效地回应来自各方的诉求,但是又因缺乏程序合法性而无法判别各方诉求属于"公意"抑或"私利";另一方面,法律合法性异化而来的"法条合法性"将现有的法律、法规等政治秩序奉为金科玉律,坚持不可越雷池一步,但是又因缺乏"道德性"评判标准而无法对政治秩序本身是否符合宪政精神加以甄别。当民众所提出的诉求与法律条文的规定产生冲突时,地方政府往往陷于茫然无措的境地,无法辨明其所代表的各种分散的社会偏好与现有的"法律条文"中究竟谁才是真正意义上人民群众根本利益的代表,无法以创新中所蕴含的"公意"去争取其创新所必备的制度空间,其所发起的创新活动也往往因此而无法继续持续下去。

"创新"本身就蕴含着"不同于原有事务"的意蕴。地方政府创新的本意就在于以自身结构、制度和功能的调整来跟随社会发展的步伐,不断满足民众的需求。民众的需求会随着政治、经济与社会的不断发展而持续更新,现有的法律、法规等政治秩序必然性地落后于社会发展的速率。因此,亦有学者提出"应对相关的法律条文进行修改,法律合法性最终应符合政治合法

---

① 有关于有效性、回应性和经济效益对于地方政府创新的影响参见甘剑斌:《政绩合法性战略的选择及其困境》,《苏州大学学报》(哲学社会科学版)2007年第3期;刘兆鑫:《好政府不能"有求必应"——对政府回应性逻辑的质疑和超越》,《理论月刊》2012年第2期;谢建芬、朱美宁:《地方政府制度创新的制度伦理论析》,《求索》2011年第2期。

② [法]让·马克·夸克:《合法性与政治》,童新平、王远飞译,中央编译局出版社2002年版,第25页。

性"①的观点。

本文认为,创新过程中所出现的两者之间的冲突和矛盾并不能单纯地使用"一方压倒另一方"的方式来解决,而是应该寻找出"合法性"冲突背后所蕴含的不同价值导向,在对其进行以伦理道德为标准的评判后,再来决定创新的走向。地方政府创新本身所包含的民众诉求有着众多来源,法律、法规等政治秩序也有着各异的法理基础。当前"地方政府创新缺乏制度保障"的困境并不能单方面地归咎于中央政府(或上级政府)对地方政府授权不足,在很多情况下,地方政府实际上面对的是一种较为"软化"的制度约束环境②。这一问题的核心在于地方政府在追求异化了的"政治合法性"和"法律合法性"的过程中抛弃了其中所蕴含的"程序性"与"道德性"等伦理要素,致使其缺乏判断"民众诉求"所代表的是"公意"还是"私利",法律规章是"符合宪政精神"的还是"落后时代、不合时宜"的标准,因此在两者发生冲突时不能明晰地理顺两者间的关系,在创新过程中并不能很好地运用上级政府所提供的弹性制度空间,因此影响到了创新的持续性。从根本上来看,这种合法性导向异化所引发的创新持续性降低的根源在于地方政府缺乏对于创新所形成的方案和原有的政治秩序进行"以伦理道德为标准"的审视和评价,其所折射出的是制度伦理缺位的现实。

(二)"领导个体偏好"与"民众社会需求"的偏离

"制度是激发和保持政府创新持续动力的最可靠保障。一种政府创新,无论其效果多好,多么受群众欢迎,如果没有以制度形式得到肯定和推广,那么这种创新难免'人走政息',变为短期行为。"③无论是学界还是创新实践者本身都深刻地认识到了制度化对于创新持续性的重要作用。因此在这里我们并不准备对于地方政府创新成果是否应该制度化进行重复论证,而

---

①　俞可平:《喜欢作秀已经成部分地方官员顽疾》,《南方都市报》2008 年 3 月 27 日。

②　李军杰:《经济转型中的地方政府经济行为变异分析》,《中国工业经济》2005 年第 1 期。

③　俞可平:《政府改革创新:来自 1500 多个案例的十大启示》,《半月谈》2012 年第 5 期。

是将注意力放在"应该将怎样的创新经验制度化"方能保障创新持续性方面。

对于如何保障创新持续性的探索是在理论界和实践界同时展开的。在探寻答案的过程中,学者们发现"推行创新行为的领导者调任或对创新失去兴趣"是影响创新持续性的重要因素,"人走政息"是地方政府创新持续性"低"的最鲜明写照。在这个方面,地方政府本身也进行了一系列的调整,使用了包括"制度化"在内的诸多措施来进行应对,但效果参差不齐,并没有形成一般性的解决方案。

本文认为,"人走政息"这一现象的产生是地方政府创新过程中"领导个体偏好"与"民众社会需求"之间的差异造成的。在这里我们试对两者进行分析,寻找出造成"人走政息"现象的根源所在。

1."领导个体偏好"创新导向

正如第二章所述,中国地方政府创新实践中,发挥主要作用的是各级地方政府的领导干部。"'领导和上级'是贯穿于创新过程中的首要因素"①。我国的地方政府创新项目多呈现为带有"一把手工程(负责制)"的色彩②。

"一把手负责制"是指以各级政府或者职能部门的行政首长为首要负责人对某项具体事务进行领导工作的制度。从性质上来看,"一把手负责制"应被视为对于某项具体事务进行负责的集权化制度安排,其实质是一种"政治——行政"承包机制。当前,我国政府部门的职能划分和权责归属尚不完善,条块分割、权属不对称的现象大量存在,因此当某一具体工作涉及多个职能部门的时候,往往会面对因权属不明、职能重叠所产生的无人理睬或重复管辖的低效问题。在这种情况下,单一的职能部门已不能顺利地完成工作任务,因此政府开始倾向于将行政③"一把手"引入到具体工作中,以便运用其在行政系统内的权威和影响力来协调各部门间关系,调动更多的行政

---

① 陈雪莲、杨雪冬:《地方政府创新的驱动模式》,《公共管理学报》2009 年第 7 期。

② 俞可平:《中美两国"政府创新"之比较——基于中国与美国"政府创新奖"的分析》,《学术月刊》2012 年第 3 期。

③ 在有些情况下亦会有党政领导负责某项"一把手工程"。

资源来确保任务的有效完成。①

从组织特征来看,"一把手负责制"是区别于常规性的政府职能运行机制的非常规制度安排,其本身通过地方政府所设置的一种临时性领导机构来发挥作用。这就将"一把手负责制"同"行政首长负责制"区分开来:前者是对于某项具体事项进行集权化管理的非常规制度安排,而后者则是对于法定职权范围进行集权化管理的常规制度安排。从作用领域来看,"一把手负责制"一般被广泛运用于跨部门的复杂事项、较为迫切的突发事项或长期未见效的历史沉积事项的管理中。无疑,这些事项也都是民众诉求较为集中的地方政府创新热点所在。因此,我国的地方政府创新多采用"一把手负责制"的形式展开。

"一把手负责制"产生的立意就在于对于职能部门界限和常规工作程序的超越,所以目前并无相应的配套制度对其进行管辖,其运行过程中所依靠的合法性则多来源于领导的权威和产生的绩效。因而就目前来看,在以"一把手负责制"形式展开的地方政府创新活动中,作为总负责人的行政领导的效用偏好和行政意图将极大地影响到创新所展现的形态,并贯穿于创新方案的制订、实施以及推广的整个过程之中。这样,在相对缺少制度约束的情况下,负责创新项目的行政领导的角色特征开始逐渐向制度经济学中所界定的"政治企业家"②方向靠拢,其效用偏好多表现为"追求绩效"以保障"政治晋升机会最大化"和"地方利益最大化"。

2. "民众社会需求"创新导向

从宏观的角度来看,民众需求是一种超越了个人层面的社会需求,具体而言是指"在一定的社会发展过程中,人们为了满足当前与未来发展需要而形成的占主导地位的需求意识"③。作为一个广泛的总括式概念,民众是包

---

① 参见何显明:《顺势而为——浙江地方政府创新实践的演进逻辑》,浙江大学出版社 2008 年版,第 260—262 页。

② 政治企业家是指"在政治市场上提供政治方案、权威和绩效,以换取职位、声望或关系的政治家"。参见萧楼:《载体:通向制度抑或回归事件——"民主恳谈"个案与东南沿海的有限政治市场研究》,《开放时代》2003 年第 6 期。

③ 鲍宗豪:《社会需求与社会和谐》,《中国社会科学》2007 年第 5 期。

括着不同的社会身份、收入水平和职业分工的个体的总称。因此,民众需求的内容层次丰富、种类多样,体现在经济、政治、文化和社会的方方面面,在此不一一列举。

对于政府而言,满足民众需求是其获取合法性基础的必要条件。地方政府创新亦可被视为政府为满足民众需求(虽然这种需求往往以"民众诉求"的形式表达出来)而采取的应对措施,因此,民众需求自然地成为了创新的重要导向。虽然民众需求的内容呈现出多元化的态势,但是我们依旧可以从中总结出具有共性的价值性内核来对地方政府创新进行指导。本文认为,民众需求是处于发展过程中的动态概念①:在西方国家中,民众需求在不同的时期呈现出民主、自由、平等和效率等不同的价值性特征;就我国而言,民众的需求在抗战时期、改革开放时期和社会主义和谐社会建设时期分别呈现出"民族(独立)——民生(温饱)——民权(尊严)"②的特征。而当前,"在发展基础上实现公平与正义"③已经成为我国民众需求的价值性内核所在。

在对"领导个体偏好"和"民众社会需求"进行分析后,我们可以尝试性地找出以"人走政息"为代表的地方政府创新持续性问题的原因所在。

由于地方政府的创新实践具有时间上的紧迫性与内容上的复杂性,无法借由传统的政府运行机制及时、顺利地完成,故地方政府多采取"一把手负责制"这一非常规制度安排,借助行政领导的权威和影响力来促成创新的顺利完成。在此类的创新活动中,行政领导本身的个体偏好将是左右创新走向的重要影响因素。一般而言,因缺少明确的制度规范,所以作为创新主要负责人的行政领导更加倾向于追求政绩的提升以保障自身或者所处"地方"的最大利益。虽然这种个体偏好所衍生的创新走向在很大程度上可能与"在发展基础上实现公平与正义"的民众社会需求相左,但是由于在此种行政模式中领导的权威是维持地方政府创新的最重要合法性来源,所以创

---

① Chris Barker, *Culture Studies: Theory and Practice*, London: Sage Publication, 2000, p. 166.

② 大国之道(2012—10—17)凤凰网专题 http://news. ifeng. com/opinion/topic/zunyan/。

③ 温家宝:《在全国新型农村社会养老保险试点工作会议上的讲话》(2012—11—1),新华网,http://news. xinhuanet. com/politics/2009 -08/19/content_11912855. html。

新仍旧可以持续下去,甚至以制度的形式固化下来。但是这样产生的创新经验或制度必然是以领导者权威的存续为前提的,一旦推动创新的领导者离职或者对创新方案失去兴趣,除个别情况外①,大多数创新活动均会出现停滞现象,甚至逐渐销声匿迹,人走政息。当然,这一现象的存在也有着继任者"另起炉灶"以便获取新的创新红利②等方面的原因,但是总的来说,领导者个体偏好对于民众社会需求——即对于以"公平、正义、秩序、民主"等伦理精神的背离是"人走政息"现象产生的根源所在。江苏省徐州市"公众全程监督政务"制度创新的名存实亡从现实层面证明了"制度化"并非是提升地方政府创新持续性的万用灵丹③。创新想要持续下来不仅要依靠制度化的外在固化力量,同时还要保证创新主体(行政领导及下属)和客体(民众)间对于创新内容与导向的一致认同。行政领导的权威仅能带来服从,而制度本身的"善"才是其获取广泛认同的根源。这种"善"可以直观地理解为"合伦理性",因而民众社会需求相较于领导个体偏好而言具有更大的制度化价值。在这一视角下,"人走"只不过为"政息"提供了必要条件,"政息"的结果早在以"追逐个人(或特定区域)名利的极端政绩思维"④为导向的制度形成的那一刻就已经注定。创新能否持续并不完全取决于创新的内容(或短期效果)和制度化程度,而在于内化于其中的价值实质是否为创新主体和客体广泛认可,蕴含"公平、正义、秩序、民主等社会伦理价值观念"的创新方案所形成的制度才是真正可以持续前行的。以"人走政息"为代表的地方政府创新持续性问题产生的根源在于创新方案的制度化过程中忽略了根

---

①　于建嵘认为,创新成果可以存续下来的诱因主要有三种,1. 继任者的继续推行;2. 推动改革的领导者升迁后对原有创新事项持续关注;3. 新闻媒体的跟踪关注与报道。参见于建嵘:《当前中国基层政治改革的困境和出路》,《当代世界社会主义问题》2010 年第 2 期。

②　俞可平:好的地方改革应上升为国家制度(2013—1—17) http://news.ifeng.com/special/2020/a/201005/0503_9039_1618413.shtml。

③　曾获第三届中国地方政府创新奖提名的江苏省徐州市贾汪区所施行的"公共全程监督政务"项目在实行过程中形成了一整套详尽具体的制度,但是在其主持领导王天琦书记升任之后,创新已经名存实亡,并未因其创新经验的制度化而继续存续下来。参见高新军:《地方政府创新缘何难持续》,《中国改革》2008 年第 5 期。

④　赫洪:依法行政才不会"人走政息",《人民日报》2013 年 2 月 19 日。

本性的"合伦理性"导向。制度伦理的缺失是造成地方政府创新陷入"人在政在、人走政息"、"有制度、无保障"尴尬境遇的根本原因所在。

三、谁将受益：创新受益者偏移与公平伦理的缺失

在第一章中，我们曾简要地分析了地方政府创新的动因，认为在当前语境下，"利益驱动"和"压力驱动"是地方政府创新的产生原因和动力机制所在。这一界定是具有一般性的，既适用于个体的创新者，也可用于解释政府职能部门和地方政府本身推动创新的原因。不同的创新主体在创新中所获取的利益亦有所不同，如创新者个人可以借由创新在评价考核、选拔任用等干部选拔评价制度方面获得客观收益；地方政府则可以通过创新行为确保自身在区域竞争中居于优势地位。而无论创新由谁发动，其最终对政府所面临现实困境或问题的解决都可以视为对民众公共利益诉求的满足。因此我们可以这样总结：成功的地方政府创新既可以为地方政府带来个体（这里的个体是针对于公共而言的）收益，也可以通过满足民众诉求的方式维护和增进公共利益。

"政府是以社会整体目标和共同利益为前提的公共管理组织"①，"增进公共利益是政府必须承担的义务"②。政府行政行为的"公共性"决定了"增进公共利益、维护社会公正"应是地方政府创新的首要任务和使命所在③，创新者对个体利益的追求仅在不有违公共利益的前提下才可被视为合理的。在理想状态下，个体利益是创新者提升公共利益之后的"嘉奖"，是地方政府创新的副产品，创新者和民众都可从创新中获得利益满足。地方政府必须保证民众为创新的第一受益者。

---

① 陈国权：《责任政府：从权力本位到责任本位》，浙江大学出版社 2009 年版，第 106 页。
② ［美］罗森布鲁姆：《公共行政学：管理、政治和法律的途径》，陈振明译，中国人民大学出版社 2002 年版，第 6 页。
③ 当然，如果单纯从契约论的角度出发进行考虑的话，政府和民众双方是平等的契约关系，因此无法说明任何一方的利益诉求即是"应当"优先的，但是在这个问题上我国习惯于使用"社会主义国家性质"来作为衡量政府职责的先在性要素，在这种语境下，"增进公共利益"成为了政府的首要任务。本文的观点即在此基础上得出。

　　但是在地方政府创新实践过程中,创新的受益者次序,甚至构成却往往并非处于理想状态。创新者往往不甘于其"次位受益者"的位置,不惜采取"伪创新、劣创新和恶创新"①的方式来确保个体利益的最大化。同时,创新者还以"指向性"创新的方式将"特定群体"引入创新的受益者范畴,通过满足其特定的利益诉求的方式间接从中谋取利益。在这一过程中公共利益始终处于被忽视,甚至被损害的地位。因此,失去了创新受益者身份的民众自然地倾向于对地方政府的创新行为持漠视,甚至反对态度,更不愿参与到创新活动中来。根据学者的调查,有高达26%的一线创新实践者认为"项目受益人参与不足"与"公众对于创新存在有误解"是地方政府创新困难的首要原因②。

　　就目前而言,原有的"创新者(个体利益)——民众(公共利益)"的受益者构成已经被打破,能为创新者带来额外收益的"强势群体"成为了新生的创新受益者,创新成果很难惠及"社会中不确定的民众","民众"作为一个整体性概念失去了创新第一受益人的位置。

　　为何民众很难从地方政府创新中真正获益?为何本应增进公共利益、维护社会公正的地方政府创新活动逐渐异化为了加剧,甚至引发社会不公现象的诱因?本文认为,公平伦理的缺失是造成这一异象的原因所在。

(一)"民众受益"与"政府自利"的纠结

1."民众受益"创新理念

　　从本质上来看,政府的行政行为必然地带有"公共性"③,因此其亦被称

---

　　①　伪创新是指政府系统内部以"虚工实作"方式所展开的无任何创新举措的形式主义活动;劣创新是指以追求"首创"为特点而进行的急功近利、标新立异性的创新活动,其效果和可持续性都相当低,其创新目的多为追求政绩,往往将创新视为目的而非手段;恶创新是指假借创新之名曲解中央政策,运用创新活动来维护或谋求个人、本部门与本地的利益。参见贾建友:《歧化与变通——基层视角的县市政府创新》,三农中国,(2012—10—9). http://www.clgs.cn/Article_Print.asp? ArticleID=1283。

　　②　陈雪莲、杨雪冬:《地方政府创新的驱动模式——地方政府干部视角的考察》,《公共管理学报》2009年第7期。

　　③　亦有学者将这种"公共性"总结为"公利性",以形成于"自利性"的对比。参见金太军:《政府的自利性及其控制》,《江海学刊》2010年第4期。

为"公共行政"。公共性是公共行政的本质性内核所在,其代表着一种指向性的要求。在公共性的作用下,"公共行政以处理个人与集体间、社会团体间和利益阶层间相互关系为基础,希冀在多元利益冲突中发现,并彰显公共利益"①。对于公共利益的追求是公共性的根本特征,在"公共行政"到"公共管理"再到"公共服务"的历次范式转换过程中"公共性"本身的前提性基础地位并未发生改变,始终规范着政府的行政行为。这种规范性是指"首先,公共行政应作为公共利益的代言人对公众的意志和意愿加以执行和表达;其次,公共行政应具有广泛的代表性,无论是行政组织还是个体行政人员,在公共政策的制定、实施和反馈的各个环节都应该公平地反映出社会成员的主要类别和偏好;再次,公共行政应具有开放性,以防行政人员由于信息不对等而采取欺骗或隐瞒的方式损害民众的利益;最后,公共行政应具有参与性,允许并鼓励民众参与到行政活动过程中来,以确保政府行政行为的公益取向"②。

无疑,这种以实现并维护公共利益为目的的公共性应是政府行政行为的根本特征,并不会因为政府部门、层级的不同而产生变化。"地方政府的创新行为"亦不例外,维护公共利益、确保民众受益应是地方政府创新所秉承的基本原则。

2."政府自利"创新理念

政府本身具有双重属性,即公共性和自利性。相较于处于根本属性位置的公共性而言,以追求自身利益为特征的自利性亦属于政府的重要属性③。

政府的自利性倾向是客观存在于行政行为中的,其产生的根源在于政府作为独立经济个体的"经济人"属性。"地方政府(及其行政人员)的行政行为会因其经济人的属性而受到一定程度的影响"④,表现出"自利性"倾

---

① 张康之:《论"公共性"及其在公共行政中的实现》,《东南学术》2005 年第 1 期。

② 张康之:《论"公共性"及其在公共行政中的实现》,《东南学术》2005 年第 1 期。

③ 于宁:《政府职能重塑与政府自利性的约束机制》,《中国行政管理》2008 年第 1 期。

④ [美]缪勒:《公共选择》,王诚译,三联书店 1992 年版,第 1 页。

向。学者们在政府自利性的界定方面存在有不同的看法,如"政府自利性是政府除管理公共事务、提供公共利益之外的公共性属性之外,所具有的为自身发展创造有利条件的属性"①,"政府将自身的利益追求隐藏至公共目的之中,通过运用公共权力解决'公共事务'的过程来促成自身利益的达成"②,也有学者认为"政府的自利性就是指政府追求自身利益的最大化的属性"③。

　　本文较为赞同前两种观点,其中第一种观点界定了自利性的定义;第二种观点则说明了其作用方式。政府对于自身利益的追求可以分为合理的和不合理的两种,其中"合理的'自利'是指(地方)政府以维护并增进公共利益为出发点,(在创新过程中)对社会资源的必要占有和使用;不合理的'自利'是指(地方)政府以追求自身利益为出发点,(借用'创新'机会)实现对于社会资源的超量侵占"④合理的政府"自利性"行为是地方政府发展的必要条件。地方政府在创新过程中合理谋求自身发展的行为无可厚非,并且应当鼓励。在地方政府创新实践中,亦有政府内部的"弱势"部门经由创新活动"实化"了自身制度性权力,弥补了现行制度的缺陷,实现了政府内部的平衡性和整体性的先例存在⑤。

　　在对上述两种创新导向加以简要描述之后,我们可以清晰地认识到,"民众受益"创新导向是由公共行政的公共性所决定的,"政府自利"创新导向是由政府本身所具有的"经济人"属性所决定的,两者同样客观存在于地方政府创新过程中,构建了"民众——政府"的二元创新受益结构。

　　在这一创新受益体系中,"民众"和"政府"均为广义上的,即"民众"指代的是"社会中不确定的个体","政府"则包括"各级地方政府、政府内各类职能部门和政府官员"。两者间呈现出明确地主次关系,民众应是创新的第一受益者,地方政府对于自身利益的追求仅在有益于民众受益的情况下才具有合理性。

---

① 金太军、张劲松:《政府自利性及其控制》,《江海学刊》2002 年第 2 期。

② 祝灵君、聂进:《公共性与自利性:一种政府分析的再思考》,《社会科学研究》2002 年第 2 期。

③ 崔光胜:《政府的自利性与行政权力畸变分析》,《探求》2000 年第 4 期。

④ 王桂云、李涛:《政府自利性与合法性危机》,《社会科学家》2010 年第 8 期。

⑤ 杨雪冬:《过去 10 年的地方政府改革》,《公共管理学报》2011 年第 1 期。

地方政府创新所面临的受益主体偏移的困境即源于地方政府对于自身利益最大化的追逐。在创新实践过程中,政府的自利性往往越过"合理性"边界,"(政府)并不像习惯上认为的那样可以不受任何非理性的干扰而代表社会和集体的利益"①。在"经济人"属性的作用下地方政府必然地有着自身利益最大化的诉求,这种诉求无疑是有违以公共性为代表的"政府价值"②的。基于自身利益最大化的考虑,政府一方面不断将行政许可、行政处罚、行政审批和垄断经营等可以为其带来丰厚收益的权力纳入到其职能体系之中,另一方面对于不能为其能在短期内带来大量收益的社会保障、义务教育等基础性、先导性基本职能的履行意愿愈发低迷,因而,形成了地方政府"基本职能边缘化、主要职能异化和根本职能弱化"的非正常发展态势。当然,这种由于追求自身利益最大化导向而产生的"实有职能的扩张和应有职能的萎缩"③会在极大程度上影响民众的公共利益,将可能会引致法律、法规等规范性制度的制裁。但是政府往往可以利用其实际上的社会管理者的角色来规避制度约束,即通过模糊其与企业、社会和民众之间的界限的方式来获取更大的活动空间。"政企不分、政社不分和政民不分"的现象即是政府将其不合理的自利性诉求隐藏至"公共利益"过程之中所引发的政府职能扩张的最显著表现。在这种情况下,政府可以借用"公利"之名行"私利"之实,甚至出现了"私利法制化"④的乱象。

这样就形成了一种实质上的不公平:政府所行使的公共权力来源于民众的让渡。这种让渡所确立的是以"公平"为核心的"在社会的基本制度中

---

①　张维平、伍晓鹰:《经济自由主义思潮的对话》,三联书店1989年版,第78页。

②　所谓政府价值是指政府通过公共管理活动所展现出的组织价值和管理价值,其内容并不由政府自身来规定,而是在政府与国家、社会以及公民的互动关系中体现出来。参见谢庆魁:《政府学概论》,中国社会科学出版社2005年版,第141页。

③　陈国权、李院林:《政府自利性:问题与对策》,《浙江大学学报》(人文社会科学版)2004年第1期。

④　此类现象在政府职能部门之中最为常见,《邮政法》《所得税法》,甚至《反垄断法》的制定过程中都受到了相关部门利益的影响。参见石亚军、施正文:《我国行政管理体制改革中的"部门利益"问题》,《中国行政管理》2011年第5期。

分配权利和义务的办法"①,其契约内容即为政府通过对于公共利益的维护换取民众对于其统治的服从。但是政府因其不合理的自利性驱动,通过公共权力非公共运用的方式来谋求其自身利益,"公共利益部门化、部门利益法制化"②等现象即由此产生。在这种情况下,政府借由自身利益之上所冠的"公共利益"之名,得以继续享有民众对其统治的服从,从而在实质上侵占了民众的创新第一受益人的地位。这种"政府自利"对"民众公利"的倾轧直接阻碍了公共利益的分配正义与公平的达成,其所显示出的是创新过程中公平伦理的缺失。

(二)"弱势群体受益"与"强势群体受益"的争议

在"创新者(政府利益)——民众(公共利益)"这一创新受益者构成中,民众是一个相对而言较为广泛的指代。这种指代内含着一种理想性的设定,即创新所产出的应是一种公共产品或公共服务,创新所产生的增益应该由社会中每一个不确定的个体所享有。但是在现实层面上来看,随着政治、经济与社会的不断发展,社会利益分化现象逐渐显现出来,形成了持有不同利益主张的各类利益群体。而受限于其所处的层级和所掌握的资源存量,地方政府仅能从众多利益群体所提出的主张中选择出(其认为)能代表"公共利益"的诉求,之后以创新的形式加以回应。因此,"民众受益"这一宏观的理念在现实层级已经具体化为"哪些民众"受益的追问。地方政府对于利益群体诉求的甄选结果将在很大程度上影响创新的走向和性质。

1. "弱势群体受益"创新理念

"弱势群体"这一提法首先出现于 2002 年九届五次人大会议上时任总理朱镕基所做的政府工作报告之中。在社会学视域内,弱势群体被界定为

---

① [美]罗尔斯:《正义论》,何怀宏等译,中国社会科学出版社 1997 年版,第3—4页。
② 杨雪冬:《和谐社会建设中的政府创新:一个初步评价》,俞可平主编:《和谐社会与政府创新》,社会科学文献出版社 2008 年版,第26页。

"无法依靠自身力量保证个人及家庭成员最基本生活水准的社会群体"①。这种从经济层面进行考量的界定方式很容易将"弱势"等同于"贫困",故稍显单薄。因此,学者们开始从更多的角度来对弱势群体的含义进行界定,"在经济层面,无收入或低收入,徘徊于贫困线边缘的群体;在社会保障层面,就业无保证、从业不稳定、解困无着落、未来无定数的群体;在政治层面,社会参与难、意愿表达难、个人维权难的群体"②都可以称为弱势群体,而其根本特征可以总结为"未在社会转型和政府改革过程中及时获益或原有的权益被剥夺,且人权最容易被侵犯"③。

改革开放为我国带来高速的经济发展速度的同时也改变了原有的高度均质化的社会状况。"个体间、行业间、城乡间、自然与社会间的发展失序问题开始逐渐显现出来,在政治、经济、社会和文化等各个领域均出现了社会失范的现象"④,弱势群体以及强势群体均在这一过程中逐渐形成。应该说,弱势群体是"效率优先"发展战略指导下社会转型的必然产物,其本身的产生也是因改革过程中对其利益的忽视所造成的。弱势群体无时无刻不在希冀着摆脱其"弱势"地位,但是由于政治、经济或社会等方面的原因使其很难通过自身的努力而改变其所处地位⑤,这时就需要外力来对其进行扶助。弱势群体的产生本身即意味着"某一层面社会利益协调机制的滞后或缺失"⑥,政府对其负有不可推卸的责任。因此,政府就成为了维护弱势群体合法权益,帮助其摆脱弱势地位的最佳外力来源。

就本质而言,弱势群体所要改变的多为其所处的不公的社会境遇,社会

---

① 郑杭生、李迎生:《全面建设小康社会与弱势群体的社会救助》,《中国人民大学学报》2003 年第 1 期。

② 赵中源:《"弱势"心理蔓延:社会管理创新需要面对的新课题》,《马克思主义与现实》2011 年第 5 期。

③ 杨雪冬:《简论地方政府创新研究的十个问题》,《公共管理学报》2005 年第 1 期。

④ 夏玉珍:《转型期中国社会失范与控制》,《华中师范大学学报》(人文社会科学版)2002 年第 5 期。

⑤ "社会底层人群向上流动面临困难",《人民日报》2010 年 9 月 16 日。

⑥ 赵中源:《"弱势"心理蔓延:社会管理创新需要面对的新课题》,《马克思主义与现实》2011 年第 5 期。

公平是"弱势群体受益"创新理念的价值内核所在。

2."强势群体受益"创新理念

强势群体是和弱势群体同时出现于改革开放所推动的社会转型过程中的,相对而言,我们可以将强势群体界定为在社会转型和政府改革过程中获取了较多权益,在政治、经济和文化等领域具有相对较高地位和较多资源的社会群体。根据韦伯的理论,权力、财富和声誉是衡量个体或群体在社会阶层中所处位置的标准①,有学者以此为基础,将强势群体划分为政治强势群体、经济强势群体和文化强势群体三种类型②。无论怎样划分,从根本而言强势群体可以界定为一种特殊的既得利益集团。

从产生过程来考量,"强势群体"的强势地位是在改革开放过程中所形成的,其所获得的权益或多或少的和"公权"有关。因此,虽然其已经在社会利益分配中占据了有利位置,但是在进一步巩固或扩大其优势地位的意愿作用下,强势群体往往继续向政府提出"有利于其发展"的改革诉求。而同时由于强势群体本身已经形成的规模优势,所以其发展确实可以带来社会财富总量的增加。因此,为种种绩效考核指标所困的地方政府自然性地更加倾向于对强势群体的诉求作出回应,运用创新的方式为其营造出更好的发展环境。

在经由以上的简要介绍后,我们可以发现,"弱势群体受益"和"强势群体受益"所指代的受益内容是完全不同的。弱势群体所希望的是摆脱弱势地位,实现社会公平;而强势群体所希望的则是维持其强势地位,获取个体发展;两者间的矛盾集中体现于对当前的社会利益分配格局的态度方面。

在理想的状态下,以"弱势群体受益"为出发点的创新举措的政治敏感性和风险性较低,且可以体现地方政府自身的政治责任,容易获得来自各方面的认可,同时又具有化解社会矛盾,提升社会公平性和增进政府合法性的积极作用,因此理应成为地方政府创新的突破口所在。但是在现实层面来

① 李强:《社会分层十讲》,社会科学文献出版社 2008 年版,第 6 页。
② 参见童潇:《我国强势群体整体性特征及其演进趋势》,《江西社会科学》2012 年第 6 期。

看,地方政府往往更加倾向于回应强势群体的发展诉求,巩固现有的社会利益分配格局。

有学者指出,造成这一现象的原因在于相较于强势群体而言,弱势群体缺少有效的利益表达机制,即"利益群体力量的不均衡、利益表达机制的不均等和利益表达影响力的不平衡"①所造成的弱势群体利益表达渠道不畅的困境致使地方政府很难厘清其诉求内容,并对其加以回应。但是本文认为,在弱势群体利益表达机制不完善的基础上,地方政府本身在当前社会利益分配格局中对于更有利地位的追求是其更加倾向于发起"强势群体受益"类创新的根本原因所在。

在上文中我们曾经借用制度经济学中"政治企业家"的概念来形容在创新中"追求绩效以保障自身政治晋升机会最大化和地方利益最大化"的行政官员,而在"政治企业家"的领导下的地方政府也必然性地追求其自身利益(在地方政府层级,这种利益多表现为经济利益)的最大化,因而呈现出"地方政府公司(local state corporatism)"②的特征。正是这种我们在上文中所曾经提及过的非合理"政府自利性"影响着地方政府创新过程中理念的选择。

在自利性的作用下,本身即属于改革既得利益者的地方政府并不会自发地推动既有利益分配格局的改革,除非这种改革是对其更加有利的。因此其所推动的创新往往并不会触及到其赖以从中获益的利益分配格局的根本所在。故虽然地方政府在现实层面推动了大量扶助弱势群体的创新实践,但相对而言,以地方政府财政支持为基础的"输血"类创新要远远多于改变利益分配格局的"造血"类创新。这种替代类创新在短期内是卓有成效的,但是因为其并未从根本上改变社会权利资源分配的不平等,所以其仅为地方政府为"应付"弱势群体诉求、维护社会稳定而采取的"权宜之计",因此这种创新虽然在客观上形成了弱势群体受益的现象,但是却并不能将其归类为"弱势群体受益"理念所推动的创新。与此相对,强势群体所提出的创

---

① 姜卫平:《建立符合转型社会需要的利益整合机制》,《学习时报》2012 年 11 月13 日。

② 亦翻译为"地方法团主义",参见杨帆、卢周来:《中国的"特殊利益集团"如何影响地方政府决策——以房地产利益集团为例》,《管理世界》2010 年第 6 期。

新诉求往往并不会触及到现有的利益分配格局,对于地方政府而言,满足强势群体所提出的创新诉求不仅不会改变其自身的既得利益者的地位,同时还可以获取"额外的捐税"①;而如果对强势群体的诉求置之不理,则极有可能因"强势群体所掌握资源的外流"而蒙受财政收入的损失。因此,地方政府往往会在自利性的驱动下依照强势群体的诉求开展创新活动,甚至直接与某些强势群体结成利益联盟②。

"强势群体受益"是"政府非正常自利性"所衍生的地方政府创新理念,其同样阻碍着社会公平的达成。在这种理念的作用下,地方政府往往将强势群体的利益诉求直接界定为公共利益③,随后为其编织"谋求大多数人最大利益"的功利主义外衣,并借此"道德地"忽略弱势群体的权利诉求,而在创新成功,强势群体获得收益的同时,地方政府亦借由现有的社会利益分配格局来获取额外收益。

诚然,强势群体的利益诉求在一定程度上确实代表了社会发展的趋势,在此方向上进行的创新也确实可以在客观上推动政治、经济与社会的增长,但是这种"增长"的主要受益者往往仅限于强势群体本身,对于其他民众而言并无实际意义,因而这种创新往往会造成"高增长而低发展"的病态社会发展状态。就长远来看,"如果不考虑政策实施的分配效果,不遵循社会公平的理念,公共行政将可能忽视全体公民的合法利益"④。当前风行于地方政府创新中的"强势群体受益"这一带有明确指向性的非平等分配理念明显并未满足社会中处于最不利状态成员的最大利益期望,是一种缺乏公平伦理内核的创新理念。这也是本应增进公共利益、维护社会公正的地方政府创新活动逐渐异化为了加剧,甚至引发社会不公现象的诱因的根源所在。

---

① 即指耗费同样的行政资源所进行的创新活动作用于强势群体与弱势(或中间)群体时所产生的财政收入之差。

② 刘恩东:《利益群体与地方政府决策——社会转型期国家与社会关系的新视角》,《国家行政学院学报》2008 年第 1 期。

③ 强势群体本身也确实属于社会民众的成员,因而这种做法相较于直接将政府利益包装为公共利益的方案要具有更高的隐蔽性。

④ [美]弗雷德里克森:《公共行政的精神》,张成福译,中国人民大学出版社 2003年版,第 86 页。

小　结

在本章中,我们对地方政府创新过程中所出现的推动力不足、持续力不高和受益者偏移这三大困境进行了深入研究,在运用行政伦理的视角对其进行剖析的基础上,进一步指出了"谁来创新""怎样持续"和"谁将受益"等现实追问背后所隐藏的是一种行政价值冲突,而伦理缺失是造成创新困境的根源所在。

首先,地方政府创新面临着"推动力不足"的困境。这一困境指(基层)地方政府在具备了创新的客观条件的情况下反而缺乏主动发起自下而上的创新的意愿。本文认为,地方政府倾向于选择"自上而下"的创新路径和"被动回应"的创新方式的背后所蕴含的是地方政府对于自身所担负的多层级责任之间的价值判断:即"对上负责"优先于"对下负责";现实性的"追溯性责任"优先于预防性的"前瞻性责任"。这种非正常价值排序代表的是地方政府尽可能规避"为民负责"的错误行政理念,其根源在于地方政府责任伦理的缺失。

其次,地方政府创新面临着"持续性不高"的困境。学界通常认为,造成这一困境的原因在于地方政府创新缺乏"制度保障"——即创新缺乏具有弹性的制度空间和未能及时将创新经验进行制度化。本文认为,在当前地方政府创新过程中,"缺乏制度保障"有着更深层次的含义,即地方政府并非绝对性地缺乏客观上的"制度保障",而是在主观上无法有效地运用"制度保障"。这一现象体现在两个方面:首先地方政府缺乏一种标准来辨别现有的制度导向是否正确,以便充分地利用弹性制度空间;其次地方政府虽然有将创新制度化的意愿并勇于做出尝试,但很难从创新经验中甄别出可以上升为制度并固化下来的内容。因此地方政府在面对"政绩合法性"和"法条合法性"的冲突时,无从判断民众公意所在,故无法运用已有的弹性制度空间;在面对"领导个人偏好"和"民众社会需要"相左的情况下,缺乏有效的标准来甄选应以制度化形式固化下来的创新经验。本文认为,产生这种困境的根源在于地方政府缺乏对于创新所形成的方案和原有的政治秩序进行"以伦理道德为标准"的审视和评价,其所折射出的是制度伦理缺位的现实。

最后,地方政府创新面临着"受益者偏移"的困境。这一困境是指在创新者(多为地方政府)自利性的影响下,原本的"民众(首位)——创新者(次位)"的受益者构成逐渐为"创新者(首位)——强势群体(次位)——其他民众(末位)"结构所取代,创新成果很难惠及"社会中不确定的民众","民众"作为一个整体性概念失去了创新第一受益人的位置的现象。地方政府为了掩盖其所采取的"公共权力非公共运用"的谋利手段,或采取为自身利益和强势群体利益冠以"公共利益"之名的方法,或假借"谋求大多数人最大利益"的功利主义外衣的方式,"道德地"忽略弱势群体的权利诉求。本文认为,这一困境是由于地方政府在不合理自利性的推动下对于自身利益的最大化追求所造成的,由这种理念出发所推动的创新明显不能满足社会中处于最不利状态成员的最大利益期望,造成这一困境的根本原因是创新过程中公平伦理的缺失。

本章是对第二章中所提出的地方政府创新过程中所面临困境的深入研究。本章通过对多组创新路径、理念与导向的对比分析,揭示出了地方政府创新困境产生的根本原因——创新过程中的伦理缺失,并运用第三章中所提出的创新价值导向体系,指出了各个困境背后所缺失的具体伦理向度。

第五章　化解地方政府创新困境的行政伦理路径

在第三章中,我们从行政伦理的视角解读了地方政府创新的内涵,认为地方政府创新是"公共管理这一社会治理模式回应民众'伦理在场'偏好需求,实现自身伦理转向的最直接践行方式"。对地方政府而言,"创新"所指代的含义更多地体现为其行政行为选择中伦理向度指导作用的彰显,确保行政行为的"合伦理性"是地方政府创新的任务所在。但是通过第四章对于地方政府创新困境的剖析,我们可以发现一个尴尬的现象:本应凸显"公共管理伦理转向"的地方政府创新活动本身就面临着伦理缺失的困境,在很大程度上,地方政府创新还停留在"以老思路(即管制型社会治理模式思路)组合新要素"的层面上。这种由技术或表层制度入手的创新行为并没有真正地满足民众"伦理在场"的偏好需求,我们甚至可以说,这种"创新"应被视为管制型社会治理模式的延续,而非服务型社会治理模式的探寻。

地方政府在对多种互不相容的创新路径、类型和理念作出选择时所运用标准的"伦理缺失"是造成其目前面对困境的原因所在。因此,要从根本上解决地方政府创新所面临的"推动力不足、持续性不高和受益者偏移"的困境,地方政府必须要在创新过程中切实地贯彻责任伦理、制度伦理和公平伦理所内含的伦理精神。在此意义上,伦理路径是解决当前地方政府创新困境的根本途径所在。

一、为人民创新——树立责任伦理以解决 "创新推动力不足"的困局

在前面的章节中,我们尝试性地将责任伦理定义为"行政活动主体主动

履行各类责任、积极回应公众需求并勇于承担行为后果的伦理担当"。"主动履行责任""回应公众需求"和"为行为承担后果"是责任伦理所内含的三大核心要素。行政活动主体在行政行为选择过程中是否以以上三大核心要素为选择标准,是判断行政行为是否符合责任伦理精神的着眼点所在。当前地方政府创新过程中,责任伦理的缺失导致地方政府往往为了规避责任而选择"自上而下"的创新路径和"被动回应"的创新类型,"推动力不足"的困境即由此产生。由此可见,要解决地方政府所面对的"创新推动力不足"的困境,必须要从树立责任伦理精神着手。

简单地说,责任伦理最直观地表现为(行政主体)承担责任时的主观自觉[①],其更多的是作为一种内在约束力,而非外在强制力作用于政府及其工作人员。关于如何培育责任伦理,来自管理学界和伦理学界的学者为我们提供了众多的思路。如美国行政伦理学家库珀认为"(为公职人员)培育超出其所处组织的身份认同;建立法律和法规体系来对组织的权力和个体公职人员行使伦理自主权的权力分别加以限制和保护;为组织内外培养'价值观、权利、需求、职责和任务'等自我意识,以保证个体在具体情况下可以展开自主行动"[②]是有效地维持政府责任及其伦理限度所必备的三个基本因素。而国内学者亦提出了"依靠行政官员个体良心、构建行政官员伦理人格、推进制度伦理化和伦理制度化"[③];"提升行政人格、塑造良好社会环境和健全相关机制"[④];"德性修炼、伦理共识和责任共识的培育、制度约束"[⑤]等培育和强化责任伦理的应对对策。在总结和分析中外学者的研究成果的基础上,本文认为,责任伦理的树立需要从内部和外部途径同时展开。明确行政主体角色定位、培育行政主体伦理人格、推进伦理规范制度化进程和健全

---

①　王玉明:《论政府的责任伦理》,《岭南学刊》2005 年第 3 期。

②　[美]特里·库帕:《行政伦理学:实现行政责任的途径》,张秀琴译,中国人民大学出版社 2001 年版,第 215 页。

③　李靖、文宏:《转型期我国行政官员责任伦理的强化》,《学术交流》2005 年第 9 期。

④　陈振川:《构筑行政人责任伦理的若干思考》,《四川行政学院学报》2006 年第 2 期。

⑤　王玉明:《论政府的责任伦理》,《岭南学刊》2005 年第 3 期。

监督机制是地方政府创新过程中责任伦理得以确立的重要保障。

(一) 明确行政主体角色定位

正如本文第三章所述,"角色"是责任的逻辑起点。公职人员身处纷繁复杂的社会网络中,其往往将自己的身份认同为一种相互关联的"角色群",复数角色所产生的多重责任之间的冲突是引发责任伦理缺失的重要诱因。因此,明确的角色定位应是责任得以落实的前提所在。

1. 在内部角色与外部角色的冲突之中,明确公职人员的"公共人"角色。从本质上来看,公职人员是负有特殊责任的公民,其本身即具有双重的角色身份。对公职人员而言,"经济人"的角色决定了"利益是其行动的最重要动力"[1],私人利益最大化是其不可避免的行为倾向;而其所同时担负的"公共人"的角色又使得其必须秉承公共利益最大化的取向,"无论何时……所有的公共雇员都有责任去为公民的最大利益着想,维护公民利益"[2]。追求个人私利的"经济人"角色和追求公共利益的"公民雇员"角色之间的冲突由此产生。如果是仅从其经济人角色出发,那么个体追求自利和理性的效用最大化是无可厚非的[3]。但是当公职人员开始运用"公共人"角色所赋予其的"公共权力"来为其谋取个人的利益的时候,这种"自利性"就不再具有合理性了。在地方政府创新等公共行政过程中,"公共人"是公职人员所应扮演的首要社会角色,公职人员必须"要对(公共人)这个位置的社会意义有真正的认识和理解,以角色范围为个人意志的界限,在角色行为过程中去掉个人的任性和随意,充分体现本角色所要求的公共性和普遍性的内容,真正以角色人的面目出现,放弃跃跃欲试的自我冲动"[4]。同样的,张康之教授所提出的"公共行政拒绝权利"[5]这一在学界引发了讨论热潮的观点,亦明确地指

---

① [法]霍尔巴赫:《自然政府论》,陈太先、胜茂译,商务印书馆1994年版,第260页。

② [美]特里·库帕:《行政伦理学:实现行政责任的途径》,张秀琴译,中国人民大学出版社2001年版,第47页。

③ [美]缪勒:《公共选择理论》,韩旭等译,中国社会科学出版社1999年版,第4页。

④ 罗国杰:《道德建设论》,湖南人民出版社1997年版,第239页。

⑤ 关于"公共行政拒绝权利"的论述,参见张康之:《公共行政拒绝权利》,《江海学刊》2001年第4期。

明了公共行政过程中"公共人"角色优先于"经济人"角色的缘由所在。

2. 在内部角色之间的冲突中,明确公职人员的"公民雇员"角色。在宏观层级的"委托——代理"关系中,政府获得了公民委托让渡而来的公共权力。而在政府内部,公共权力在自上而下的官僚体制中被层层分配,形成了次级的"委托——代理"关系,即"公共行政人员作为一种代理人角色,包括了复杂的责任内容,即对多种委托人负责,这些委托人包括组织的上级、政府官员、职业性协会和公民"①。将这一分类方法与我国的现实语境结合起来,我们可以将公共行政的客观责任分为三个层次:首先,公职人员需要对组织的上级和其下属的行为负责;其次,公职人员需要对基于民意产生的官员负责;最后,公职人员需要对公民负责。亦有学者依照这种分类方式将客观责任分为"岗位责任、法律责任与政治责任"三种类型。② 对公职人员个体而言,组织领导等"科层制权力结构的上级"的委托人角色显得更为直观,并且与公职人员切身利益直接相关的"奖惩考核"的结果更多地由组织领导所决定,所以公职人员更倾向于对组织(及其领导者)这一委托人负责,将完成组织领导的指令作为其最重要,甚至是唯一的职责。在这种情况下,公职人员往往将自身的角色定位为"政府雇员"而非"公民雇员","效忠所属的政府部门义务要求反而凌驾于维护公共利益的伦理要求之上"③,"对上负责"与"官本位"的行政风气即由此产生,"自上而下"的创新路径亦发端于斯。正如前文所述,公共权力并非源于政府或者某个具体的个人,"行政事务和个人之间没有任何直接天然的联系,个人之所以担任公职,并不是由本身的自然人格和出生来决定"④,政府仅作为公众的"代理人"行使公共权力。也就是说,政府并非公共权力的来源,在拨开官僚制的多重层级结构后,公民依旧是公职人员所行使的公共权力的唯一源头。"在这一委托——代理关系所形成的责任系统之中,任何行政主体都是责任主体,所有行政行为都应

① [美]特里·库帕:《行政伦理学:实现行政责任的途径》,张秀琴译,中国人民大学出版社2001年版,第63—64页。

② 刘祖云:《当代中国公共行政的伦理审视》,人民出版社2006年版,第128页。

③ 李靖、文宏:《转型期我国行政官员责任伦理的强化》,《学术交流》2005年第9期。

④ [德]黑格尔:《法哲学原理》,范扬、张企泰译,商务印书馆1961年版,第311页。

处于责任状态"①,这种责任的指向虽然略显分散,但是其最终都应指向公民这一公共权力的根本来源。公职人员对自身所作出的"公民雇员"而非"政府雇员"的角色定位,正是库珀所提出的"超越组织的身份认同"的重要表征。

(二)培育行政主体伦理人格

在树立责任伦理的过程中,公职人员不仅要在角色定位上将自身确定为"公共人"和"公民雇员",更重要的是要具有与其角色相对应的角色意识——即符合角色要求的行为准则、价值追求和伦理规范。这种角色意识是将公职人员与从事其他职业者区分来开的重要标志,公职人员所独有的行政伦理人格亦是由这种带有明确伦理内涵的角色意识演化而来。

公职人员的伦理人格是"行政人员道德上的权利、义务、品格、尊严、道德信念、道德自律意识融合而成的道德自律行为模式和实现行政价值的整合体,是实现行政伦理道德义务与行政良心的统一"②,可以说,行政伦理人格是统率了了学者们所提及的"个体德性、行政良心和伦理共识"等相关概念的公职人员道德意义上的整体性存在形态。

作为一种内化的评判、规范与约束,健全的行政伦理人格可以在弥补制度欠缺方面发挥重要的作用。"制度"是一种刚性的规范,其以"强制力"为保障,明确地规定了政府及其公职人员的权利义务关系、行政行为的界限与评判标准,是规范和调节行政行为的基本依据。但是"制度"本身亦存在无法规避的弱点,即"抽象性"和"基础性":所谓抽象性是指制度作为一种具有高度概括性的条文式规范,无法做到与具体行政实践的"无缝对接",其概括性的话语方式将会必然性地衍生出一些需交由"行政自由裁量权"评判的模糊的责任区域,在极端情况下,甚至会出现无人负责的"责任盲区";基础性是指由制度所确立的客观责任往往仅停留在一个较为初级的道德水平上,即其所能达成的效果多集中于"抑制恶"方面,而无法在真正意义上做到"张

① 王玉明:《论政府的责任伦理》,《岭南学刊》2005 年第 3 期。
② 李靖、文宏:《转型期我国行政官员责任伦理的强化》,《学术交流》2005 年第 9 期。

扬善"。①由于客观责任本身即是由"制度"这一刚性规范所明确界定的，所以，上述制度本身的缺陷直接导致了行政过程中客观责任的"缺位和无力"②。库珀认为，在这种情境下，主观责任是保障客观责任得到履行的必要保障。在其看来，公职人员内在行政伦理人格"保障了行政自由裁量权的有效行使，并为其提供了持续不断的指导。由于法律和制度难以覆盖到行政活动的方方面面，公众亦不可能参与到所有的日常行政行为之中，上级的监管往往也是较为有限的……在这种情形下，唯有（为公职人员）所深深内化的个人道德品质才能保证（责任本身）既与组织目标保持和谐，又能与民主社会中的公民义务之间保持一致"③。

　　本文认为，由于制度本身的缺陷，所以奉其为圭臬的客观责任不可避免地存在着缺位和无力，需要主观责任——即公职人员的伦理自主性对其进行补位和提升。易言之，对于公职人员而言，客观责任往往意味着"要我做什么"，而主观责任则体现着"我要做什么"。这种转变体现的是责任由"外在要求"到"内在自觉"的转化，是一种公职人员作为责任主体对角色所赋予其职责的理解和认识——即责任认同④。无疑，这种认同必然是以公职人员自身所具备的伦理人格为出发点所展开的。完备的伦理人格可以保障行政自由裁量权不被异化使用，可以保证公职人员在制度缺失的情况下继续履行角色赋予的责任，在其作用下，公职人员对于责任的认同与内化可以确保其面对责任时的主动性。为公职人员培育伦理人格的过程，就是"为组织内外培养'价值观、权力、需求、职责和任务'等自我意识的过程"，在伦理人格的作用下，个体才可以在真正意义上展开自主行动。总的来说，伦理人格

①　参见刘祖云：《当代中国公共行政的伦理审视》，人民出版社2006年版，第131—132页。

②　所谓客观责任的缺位，是指由于制度和现实之间互不对应而产生的"盲区"无人负责的现象；制度责任的无力是指在制度刚性的规范下，客观责任只能在其所划定的有限区域内发挥其功能而无力处理复杂的公共事务的现象。参见昂永生：《论我国行政道德责任的重构》，《中国行政管理》2000年第3期。

③　[美]特里·库帕：《行政伦理学：实现行政责任的途径》，张秀琴译，中国人民大学出版社2001年版，第162页。

④　张贤明：《论政治责任》，吉林大学出版社2000年版，第2页。

"可以帮助公职人员在角色与道德义务冲突时作出正确选择,而且还能促使公职人员在道德修养方面进行充分的自我改造、陶冶、锻炼与养成,从根源上对公职人员的责任伦理进行强化"①。

(三)推进伦理规范制度化进程

承前文所述,促使公职人员与公共组织负责任的方式不外乎两种:内部控制与外部控制,本文即是在此基础上为责任伦理的树立总结出了"内部与外部"两条途径。在之前的论述中,我们所讨论的"培育公职人员明确的角色意识与高尚的伦理人格"即属于一种内部的柔性自律导引。要在地方政府创新过程中真正地树立起责任伦理的精神,以制度为代表的外部的刚性他律规范同样是必不可少的。

在责任伦理树立和维持的过程中"单纯依靠公职人员的自律是不现实的,在缺乏制度所带来的强制约束的情况下,责任伦理难以真正发挥作用"②。究其原因,在公共行政实践过程中,公共行政主体,特别是公职人员个体很难完全地摆脱其"经济人"角色属性,"自利性"是其无法避免的行为倾向。公职人员个体的德性修养和道德自觉的发展水平并非整齐划一地保持在一个较高的水准上,当个体公职人员基于其人性"恶"的一面而意图突破道德底线以谋求个人利益的情况下,单纯依托角色意识和伦理人格的柔性自律引导则显得尤为乏力。即便是在公职人员具有明确的角色定位和高尚的伦理人格的情况下,如果其缺乏对于行为责任的认识,那么很可能单纯地基于信念伦理而作出导致严重后果的错误行政行为。正如韦伯所指出的,"若是某项行动期许在责任伦理的角度上获得道德的地位,那么以下两项条件是其所必须同时满足的:第一,此项行动必须源于道德信念;第二,此行动必须反映出这样一种事实——其深陷于伦理上属于非理性世界的泥沼之中,因此对善可以导致恶这一洞见深表赞同"③这里所说的"由善导致

---

① 李靖、文宏:《转型期我国行政官员责任伦理的强化》,《学术交流》2005 年第 9 期。
② 王玉明:《论政府的责任伦理》,《岭南学刊》2005 年第 3 期。
③ 〔德〕施路赫特:《信念与责任——马克斯·韦伯伦理》,李康译,载李猛主编:《韦伯:法律与价值》,上海人民出版社 2001 年版,第 313 页。

恶",指的就是公职人员在单向度的信念伦理指导下,仅以其自身的"心情、意向、目的与动机"来判断行为的伦理价值,进而不顾所可能产生的后果而仅凭"良善的意愿与动机"便轻率地推行某项行政行为,最后致使自身陷于"非理性世界的泥沼"。

在这种情况下,制度作为一种"拥有强制力的最低道德标准"①,在责任伦理的树立过程之中发挥着不可替代的作用。正如前文所述,"内部的柔性自律引导"在面对公职人员的自利取向和单向度的信念伦理取向时显得尤为无力。而以制度为代表的外部的刚性他律规范则是解决上述问题的有效途径。首先,制度是明确的公职人员行为规范,虽然其所包含的是最为基础的道德标准,但是仍然较为清晰地标明了"何不可为",为公共权力的正当行使提供了基本的指导。正如邓小平所指出的:"我们过去发生的各种错误,固然与某些领导人的思想、作风有关,但是组织制度、工作制度方面的问题更加重要。这些方面的制度好可以使坏人无法任意横行,制度不好可以使好人无法充分做好事,甚至会走向反面。"②其次,在制度所拥有的刚性强制力的作用下,公职人员可以清晰地认识到其行政行为所可能为己带来的现实性后果,这样就以他律的方式确保了公职人员恪守责任伦理的意愿,促使其自觉地调整自身的视角和行为方式,"禁罚威严,则简慢之人整齐;宪令着明,则蛮夷之人不敢犯"③。

本文认为,制度本身所具有的权威性和强制力使得其在责任的确认、审核和追究方面有着其他规范所不能比拟的优势。正是基于这一认识,西方各国纷纷于 20 世纪 70 年代后期展开了声势浩大的行政伦理立法运动。如美国国会分别于 1978 年、1989 年通过了《政府道德法案》《政府道德改革法案》,美国政府也于 1992 年颁布了由政府伦理办公室所制定的《美国行政部门雇员伦理行为准则》;加拿大政府亦于 1994 年颁布了《加拿大公务员利益冲突与离职后行为法》;而同为亚洲国家的日本和韩国也分别于 1999 年和

---

　　① ［美］特里·库帕:《行政伦理学:实现行政责任的途径》,张秀琴译,中国人民大学出版社 2001 年版,第 130 页。

　　② 《邓小平文选》第二卷,人民出版社 1994 年版,第 333 页。

　　③ 《管子》八观第十三。

1981 年颁布了《国家公务员道德法》和《韩国公职人员伦理法》,有针对性地对行政人员所应担负的责任和其行为所可能造成的后果进行了明确的规定。在现实的行政生活中,以制度的强制性来保证责任得以明确落实已经成为一种明显的趋势。"虽然各国的行政伦理法规也存在着固有的虚弱性,但是其依旧是责任伦理得以实现的有效途径"[1]。

(四)健全责任伦理监督机制

上文中所提及的"制度建设",更多的是指对于一种狭义的制度——即"约束公职人员行为的规范"的建设和完善,意在通过伦理制度化的方式来为公职人员和政府机关树立责任伦理精神。这种"静态"的制度必须转化为"动态"的机制才可以真正发挥其规范作用。因此,在为公职人员树立责任伦理精神的过程中,"制度建设"是必不可少的前提和基础,而在制度基础上所形成的监督机制则是责任可得到切实履行的坚实保障。监督机制的作用直观地体现在对于制度的落实方面。"(即便有了相应的制度),如果不通过监督、控制和直接钳制等外在压力让人们担负起责任,他们依旧会不可避免地趋利避害,无法无天。"[2]

在我国,以责任伦理监督为主要内容的行政伦理监督机制是建立在行政监督机制的基础上的,在监督主体、监督体制、监督制度、监督动力和监督客体等构成要素方面并无根本性的差异。相对而言,行政伦理监督机制是在原有的常规性法律监督和行政工作监督的基础上,更加强调以"责任"等伦理标准来对公职人员以及行政系统进行审视和衡量。

无疑,行政伦理监督机制与传统行政监督机制之间的同质性在一定程度上确保了伦理监督的系统性和权威性,但是相对而言,传统行政监督机制中所常见的"监督主客体角色重叠;监督手段缺乏科学性,过分强调惩治手段;监督着眼点偏移,忽略预防工作;监督机构缺乏独立性和自主性;监督所

---

① 李靖:《关于行政伦理责任与行政伦理行为选择困境的几点认识》,《东北师范大学学报》(哲学社会科学版)2005 年第 3 期。

② [美]麦克斯怀特:《公共行政的合法性——一种话语分析》,吴琼译,中国人民大学出版社 2002 年版,第 32 页。

依托法律、制度不健全;公共监督意识不足"①等困境同样也出现在行政伦理监督机制面前。其中,"缺乏独立监督主体,同体监督盛行;缺乏多方向监督路径,鲜见同级与下级监督;缺乏前瞻性监督视角,重追惩而轻预防"②是行政伦理监督过程中所显现出的最显著问题。

　　一般而言,任何监督活动想要取得效果,必须满足以下四个条件:"首先,监督主体必须具有足够的动力;其次,监督主体必须具有对于监督客体的监督能力;再次,监督主体必须具有一定的监督技术和方法;最后,监督的结果必须要对监督客体有足够的影响力。"③依照这一标准,我们尝试性地对当前不同类型的行政伦理监督活动加以分析,详见表5—1。

表5—1　各类型行政伦理监督效能要件对比

要件 类型	监督动力	监督能力	监督技术	监督结果影响力
行政监督	低	高	高	高
政党监督	低	高	高	高
立法和司法监督	低	高	高	高
社会监督	高	低	低	低

　　在上表中,我们可以清晰地发现一种"缺位"现象,即当前所有类型的行政伦理监督均缺少部分效能要件。具体来看,行政监督、政党监督、立法和司法监督属于权力监督,其监督方式为"权力间制约"④,因而具备相对较高的监督能力、技术和监督结果影响力,但是由于监督主体均在人事、编制和财政等方面受制于同级行政机关⑤,所以始终缺乏充足的监督动力;以社会

　　①　张晓明:《完善我国行政伦理监督机制研究》,中国海洋大学研究生学位论文,2012年。
　　②　罗德刚:《完善行政伦理监督机制》,《探索》2004年第1期。
　　③　韩志明:《行政责任的制度困境与制度创新》,经济科学出版社2008年版,第141页。
　　④　这种权力间相互制约有两层含义,其既包括立法、司法与行政权力三种不同性质权力间的充分平衡,亦包括上下级之间、不同政府部门之间同种性质但不同层级的权力之间的制衡与监督。
　　⑤　执政党的纪检监察部门亦受同级党委领导,在此不作特别说明。

舆论和民众为主体的社会监督属于权利监督,缺乏一定的权力支持,很难以监督主体的身份参与到真正的行政活动过程中,因此,虽然其对于以监督的形式维护自身合法权益有着天然的敏感,但是本身却缺乏缺乏相应的监督能力、技术和监督结果影响力。

本文认为,完备的行政伦理监督机制是确保制度化了的责任伦理精神能够在创新过程中得以落实的重要保障。依托于传统行政监督机制而建立起来的行政伦理监督机制存在着效能要件缺位的问题,亟待进一步的健全和完善。行政伦理监督机制是伦理监督主体、监督体制和监督客体等要素间相互作用的运行过程。在上述要素之中,行政伦理监督客体是较为固定的,所有行政系统以及其所作出的行政行为均可视为行政伦理监督的对象。"行政系统"这一监督客体本身具有一定的特殊性,这种特殊性体现在现行政治与行政秩序中监督客体和监督主体间的"双向影响"方面。易言之,在以"权力制约"为基础所展开的伦理监督进程中,行政伦理监督主体通过其监督活动确实可以对行政系统的既得利益产生一定的影响,但是与此同时,行政系统本身在人事、财政等方面的强势地位决定了其对于同系统内的监督主体亦有着相当大的影响力甚至控制力。因此,"监督动力"这一效能要件的缺乏始终困扰着人大、政府机关、司法部门和政党等行政伦理监督主体。与之相对的,在以"权利实现"为基础所展开的伦理监督进程中,虽然社会舆论和民众具有较高的监督动力,但是本身并不具备"直接权力"的现实致使其在监督过程中往往陷入缺乏监督能力、技术的境地,其监督结果也并不会对监督客体产生实质的影响。

在现行的政治与行政秩序下,行政系统对同层级其他部门的影响力将长期存在。在这种客观现实下要建立起行之有效的行政伦理监督机制,则必须摆脱原有的观念桎梏,在传统行政监督机制之外寻找更加有效的方法与方案。在这一思路下,本文认为提升行政伦理监督主体独立性,构建高效社会监督网络是健全行政伦理监督机制的有效途径。

首先,提升行政伦理监督主体独立性。这里所提及的独立性的提升,包括两方面的内涵:第一,强化"垂直领导"的方式,"对当前行政伦理监督机关内的双重领导体制进行合理的权责界定,将监督部门的人事权和财政来源交由上级党委、政府或本系统上级机关行使"①,尽量避免同层级平行监督过程中监督客体所可能对其产生不利影响。第二,设立独立的行政伦理监督机构,"以立法的形式确定其职责和权限,由其对行政系统内行政行为的合伦理性进行专门的监督和奖惩"②,这一监督机构应同党政各级组织平行行政职权,以便对各级官员实行有效的督查。西方国家在 20 世纪 80 年代以来所设立的具有较高独立性的"道德委员会""政府伦理办公室"和"总监察办公室"等行政伦理监督机构,"直接促进了公职人员的责任意识,在效率提升与廉政建设方面发挥了重要的作用"③。本文认为,这种设立独立行政伦理监督执行部门的做法对于我国行政伦理监督机制的完善有着一定的借鉴意义。

其次,构建高效社会监督网络。构建高效社会监督网络的目的在于运用多监督主体的优势来保障行政伦理监督的全面性和有效性,其最直观的作用体现在保障权利监督的落实方面。第一,提升政府行政行为的透明度,强化社会主体政治参与。对非涉密政府信息的了解是公民所具有的基本权利。只有在政府透明、政务公开的前提下,社会舆论和民众等社会监督主体方能真正参与到政治生活中来,充分接触和了解行政机关及公职人员的举措言行,并通过听证、信访、申诉、检举等方式"参与到政策形成过程的所有阶段中来,而非仅对已经作出的决策作出反馈"④,对其中可能出现的伦理失范或缺位进行监督。第二,统合监督主体,形成监督合力。当前的行政伦理监督工作是由多个主体在不同领域与层级中分别展开的,总体上呈现出"各自为政"的发展态势,消耗了大量的行政资源,但监督效果却并不理想。因此,"在各个监督主体之间构建联系渠道,构建监督网络,对各个主体所拥有的监督信息和督查资源进行有效整合,是保障行政伦理监督有效展开的重

---

① 罗德刚:《完善行政伦理监督机制》,《探索》2004 年第 1 期。

② 李靖:《关于行政伦理责任与行政伦理行为选择困境的几点认识》,《东北师范大学学报》(哲学社会科学版)2005 年第 3 期。

③ 郭夏娟:《公共行政伦理学》,浙江大学出版社 2010 年版,第 137 页。

④ [美]盖伊·彼得斯:《政府未来的治理模式》,吴爱明译,中国人民大学出版社 2001 年版,第 144 页。

要途径。"①本文认为,对监督主体进行统合,使各种监督形成合力的作用并不仅限于权力监督主体之间信息和资源的共享方面,其更重要的意义在于通过构建监督主体间联系网络的方式为社会舆论和民众的"权利监督"提供切实的"权力保障"。这种"权利监督"和"权力监督"的有机整合,是确保"让人民监督权力,让权力在阳光下运行"愿景目标得以实现的现实基础所在。

二、依伦理易制——建设制度伦理以突破
"创新持续性不高"的困境

正如本文第三章所述,制度中所蕴含的伦理要求与伦理道德制度化的辩证统一构成了制度伦理的内涵。制度伦理本身包括"制度的伦理——对于制度本身是否正当与合理的伦理评价",以及"制度中的伦理——制度本身所蕴含着的伦理追求、道德原则与价值判断"的双重内涵,外显为制度伦理化和伦理制度化两种方式。简言之,"制度伦理就是指制度的合伦理性,是对制度正当与否的认识与批判"②。

学界通常认为,造成地方政府创新持续性不高困境的原因在于地方政府的创新实践缺乏"制度保障"——即创新缺乏具有弹性的制度空间和未能将创新经验以制度化的形式及时固化下来。在这一观点的基础上,本文在第四章中指出:在当前地方政府创新过程中,地方政府并非绝对地缺乏客观上的"制度保障",而是在主观上无法有效地运用"制度保障"。这一现象体现在两个方面:首先地方政府缺乏一种标准来辨别现有的制度导向是否正确,以便充分地利用弹性制度空间;其次地方政府虽然有将创新制度化的意愿并勇于做出尝试,但很难从创新经验中甄别出可以上升为制度并固化下来的内容。因此,地方政府在面对"政绩合法性"和"法条合法性"的冲突时,

---

① 整合监督资源 形成监督合力(2012—11—7),新华网,http://forum. home. news. cn/thread/96597118/1. html。

② 袁贵仁:《价值学引论》,北京师范大学出版社 1991 年版,第 117 页。

无从判断民众公意所在,故无法运用已有的弹性制度空间;在面对"领导个人偏好"和"民众社会需要"相左的情况下,缺乏有效的标准来甄选应以制度化形式固化下来的创新经验。易言之,地方政府创新持续性不高困境产生的根源在于地方政府缺乏一种"以伦理道德为核心"的评判标准来审视和评价原有的政治秩序和创新所形成的制度草案究竟"正当与否"。由此可见,加强制度伦理建设是地方政府突破当前所面对的"创新持续性不高"困境的关键所在。本文认为,可以从培育审视制度的发展观念、强化制度评估中的伦理建设和促成制度体系的伦理整合三方面入手,促成地方政府创新过程中制度伦理的建构完成。

(一)培育审视制度的发展观念

正如邓小平在《党和国家领导制度改革》讲话中所强调的,制度本身具有"根本性、全局性、稳定性和长期性","好的制度可以让坏人无法任意横行,不好的制度可以使好人无法充分做好事,甚至会走向反面"[①]。从以上的讲话中,我们可以清晰地体味到这样一种精神,即对于制度的道德评价优先于个人的道德评判,制度对于社会政治、经济和文化的发展具有根本的引导作用。在此精神的指导下,掀起了广泛的制度建设运动,如总理负责制和部委领导负责制即是在1982年宪法中得以确立而来的。

从宏观的角度来看,这种中央政府所推进的制度建设,其更多地体现出一种对于"原有制度的恢复"[②],甚至包括部分"从无到有"的制度初创。在中央政府的全力支持下,在大刀阔斧的改革方式和"摸着石头过河"的改革勇气的作用下,这一时期的制度建设取得了丰硕的成果,逐渐形成了系统化的政府工作系统和制度体系。但随着社会的不断发展,部分原有的制度已经逐渐显出疲态,无法顺利地担负起调整组织秩序的功能。在这种情况下,制度创新成为了更新制度系统的有效途径。不同于制度恢复或者初创时期的"从无到有",制度创新更多地表现为"从旧到新"。在创新第一线的地方政府层次,这种不同衍生出了以下两种现象:首先,基于制度的根本性,缺乏

---

① 《邓小平文选》,人民出版社1994年版,第333页。
② 《邓小平年谱》,中央文献出版社2004年版,第222页。

中央政府强有力支持的地方政府不能贸然地对现有制度发起创新;其次,由于原有制度体系所形成的"路径依赖",对于可以从初始制度中获益,且不愿负担额外制度创新成本的地方政府而言,自然不愿对现有的制度发起创新。在这种情况下,以原有的法律、法规、规章、制度等规范所组成的政治秩序成为地方政府创新过程中很难逾越的鸿沟。当然,这种状况在近年来有所改观,地方政府的创新活动获取了一定的弹性制度空间,制度创新在客观上成为可能。但是要真正地发挥弹性制度空间的作用,创新主体必须要对创新的必要性有足够的认识,以形成主观上的推动力。因此,为创新主体培育发展的视角,助其打破"制度不可逾越"的思维桎梏,是在地方政府创新过程中建设制度伦理的首要步骤。

作为一种规范,我们可以将制度理解为一定历史与社会条件下所形成的对群体性行为的约束、规范与准则。制度的作用就是有效地引导和整合公共生活秩序,为问题的解决提供有效的外部保障。不难发现,制度是建立在一定的历史与社会条件之下的,其自身必然地带有"时代"或者"场域"的烙印。要对制度作出"正当与否"的判断,必须要对制度本身所蕴含的价值取向,以及其所处的作用域的现实需求加以对比,以两者间的契合度作为评判的标准。本文所提出的制度的发展观念即是建立在这种"制度'善'的历史主义"①的基础上的。

本文中所提出的审视制度的发展观念,即指将制度看作是一种处于不断进化和发展过程中的规范系统。易言之,制度并非是一种固定或僵化的行为规范,而是需要根据时代的、地域的具体要求而不断地进行自我更新的鲜活系统。在这种更新过程中,"伦理精神是制度得以产生的观念先导,是制度赖以产生的价值理念"②。在此视角下,对作为规范而出现的制度进行评判和创新成为了可能。详细来说,在地方政府创新过程中,创新主体可以

---

① 关于制度"善"的历史主义,是指当提及某一制度是否符合"善"的标准的时候,总是在特定的时间、空间范围内针对某一特定的制度而言的。参见高兆明:《制度伦理与制度"善"》,《中国社会科学》2007年第6期。

② 杨清荣:《从制度与伦理的互动看当前中国的制度创新》,《道德与文明》2010年第1期。

对现有的制度所蕴含的伦理价值内核进行时间性和空间性方面的考量:首先,是否具有"时代精神"①是判断制度"善"的重要标准。在不同的时期,制度的"善"具有不同的意蕴,"在古希腊时期,亚里士多德从实践理性出发,将制度'善'的指向确定为'正义与幸福';在启蒙时期,洛克、卢梭等思想家倡导从'自然状态'阐释制度的'善';而在黑格尔看来,'独立的个人及其平等自由权利,权利与义务的统一'共同构成了制度'善'的基石"②。制度必须要符合其所处时代的精神,方能被视为是合理的、"善"的制度。在这一意义上,以是否符合"时代精神"来作为判断制度是否合理的标准,是历史唯物主义的在地方政府创新过程中的有效运用。如果地方政府发现其所遵循的现有制度已经确实地背离了时代的精神,那么果断地采取创新方式来进行制度更新是其对人民负责的重要表征。其次,是否符合本地方的发展诉求是判断制度"善"的另一重要准则。制度所具有的时代精神,表明其具备了符合当前历史阶段发展要求的普遍文明本质。这种普遍的文明本质必须要通过与区域、民族或者地方特色相结合的方式方能展现出其价值所在。"离开(某一区域)特定的历史和文化发展的状况而引入一种制度的做法,注定会在该制度的无根性的主观指导作用下陷入困境。"③相对而言,目前我国的发展尚不均衡,各个区域处于不同的发展阶段。在东部沿海区域已经迈向后工业化发展阶段的同时,中西部区域还大多停留在工业化发展进程之中。在这种不均衡态下,由某一单一主体设计出一种放诸四海而皆准的制度设计几乎是不可能完成的任务。因此,地方政府必须因地制宜,从自身所处区域的现实发展状况出发,审视和评估现有的制度,通过一定的创新和改造来确保制度在满足本区域发展诉求的同时凸显"时代精神"。

本文认为,为地方政府等创新主体培育审视制度的发展观念的目的即在于促使其意识到"制度"并非是一成不变、不可逾越的鸿沟,"时代性"与"地方性"是创新主体判断制度"善"——即"合理与否"的内在标准。只有

---

① 伦理精神亦蕴含于时代精神之中,是其重要的组成部分,下文不再就两者作特别说明。

② 高兆明:《制度伦理与制度"善"》,《中国社会科学》2007年第6期。

③ [德]黑格尔:《法哲学原理》,范扬、张企泰译,商务印书馆1961年版,第292页。

在创新主体运用这种秉承了历史主义的发展视角去审视制度的情况下,才可以真切地对制度施以客观的伦理分析和评判,并进一步完成制度伦理的建构工作。

(二)强化制度评估中的伦理建设

为地方政府等创新主体树立发展视角是制度创新得以成立的前提条件,在此基础上,制度评估中的伦理价值的凸显是确保制度伦理得以建构完成的必要途径。"制度评估中的伦理主要强调的是通过对于制度所包含内容和所做出安排的伦理性评价来检验制度及其设计本身对于制度客体的规范与引导,从而为制度伦理的建构与调整提供现实依据。"①简单地说,制度评估的伦理建设是指将"合伦理性"纳入到检验制度的评判标准中来,并以此来规范和引导制度的走向。因此,制度评估过程中标准的选择成为了地方政府所应着意考量的重点问题。

承上文所述,"时代性"与"地方性"是创新主体判断制度"合理与否"的内在标准。在上述的两种标准中,"时代性"中所蕴含的"时代精神"是具有普遍性的,而"地方性"则是"时代精神"这一普遍性的特殊存在形式。由于各个地区所展现出的特殊性必然具有纷繁多样的态势,所以从宏观上来对制度的"善"进行考察时,应当"舍去具体样式而把握其中的根本性思想"②,着重对现代社会的普遍性伦理精神进行研究。

从历史的角度来考量,不同的社会发展阶段形成了不同的"时代精神",蕴含在其中的伦理价值与精神也在发生着不断的变化,推动着制度的持续演进和发展。带有自身所处社会发展阶段烙印的"时代精神"呈现出了不同的特征,但是贯穿其中的是一种定在的伦理内核,"人的自由就是这种'善'的绝对性内容"③。"人的自由"在各个历史发展阶段所展现出发展诉求各不相同,但是在特定的历史阶段中却呈现出一种稳定的特质,该阶段的"时代精神"即由此汇集而成。

① 伍洪杏:《行政问责的伦理审视》,中南大学研究生学位论文,2010 年。
② [德]黑格尔:《法哲学原理》,范扬、张企泰译,商务印书馆 1961 年版,第 259 页。
③ 高兆明:《制度伦理与制度"善"》,《中国社会科学》2007 年第 6 期。

当前的中国正处于社会文明历史形态的跃迁历程中。在这一转型时期,社会发展呈现明显的过渡性特征,来自不同历史发展阶段的"诉求"同时作用于制度建构过程中。而从现实层面来省察,在改革开放初期,"以经济建设为纲"等带有显著市场经济特征的"效率"理念在一定程度上符合了社会发展的客观需要,满足了民众的发展诉求,成为了该时间段的指导思路。但是随着经济的不断发展,社会的持续前行,"自由精神"逐渐超越经济领域,开始与政治层面相结合,"平等的基本自由权利"①成为民众所期许的重要内容,"在发展基础上实现公平与正义"②已经成为我国民众需求的价值性内核所在,"公正"逐渐成为了当代社会的"时代精神"③。

经由以上的分析和研究后不难看出,作为当代社会的"时代精神","公正"是制度评估过程中所应着考察的重要标准。由此,学界所提出的"在制度设计中应怎样处理伦理与政治、经济及社会其他方面的关系;应以何种伦理价值观为标准进行制度安排;应从何种本位(个体或社会,强者或弱者)为出发点进行制度设计"④的问题得到了明确的答复,"正义(即公正)应成为社会制度的首要价值"⑤,"公正与否"应成为衡量制度"善"的首要准则。

以"公正"为标准的制度评估,有利于引导政府制定出合理的制度规范与政策方针。当然,在地方政府创新过程中,必须将抽象的"公正"导向转化为具体的制度标准,"只有将抽象的伦理导向和具体的制度标准结合起来评判一种制度才称得上是客观而有现实意义的"⑥。完整形态的"制度公正"应包含内容和形式等多方面的内容,遍布政治制度、法律制度、政府管理制

① 这里所提及的平等的基本自由权利是一个较为广泛的概念,其包含公正、平等、秩序、民主、法治等内涵,其中,公正可被视为其中最具有代表性的核心的理念。参见高兆明:《制度伦理与制度"善"》,《中国社会科学》2007 年第 6 期。

② 温家宝:《在全国新型农村社会养老保险试点工作会议上的讲话》(2012—11—1),新华网,http://news. xinhuanet. com/politics/2009 – 08/19/content_11912855. html。

③ 杨思远:《"公平正义"是社会主义核心价值体系的根本价值诉求》,(2013—02—27)中国社会科学网,http://www. cssn. cn/news/466052. html。

④ 何建华:《"制度伦理与社会发展"研讨会综述》,《道德与文明》2000 年第 4 期。

⑤ [美]罗尔斯:《正义论》,何怀宏等译,中国社会科学出版社 1997 年版,第 1 页。

⑥ 周燕军:《制度伦理与制度创新》,《中国社会科学报》2001 年 2 月 22 日。

度和文化制度等多个方面。详见表5—2。

表5—2　制度公正内涵与评价标准①

	类别	标准
内容公正	政治制度公正	1. 保障人民合法权利； 2. 扩大人民参政议政和决策的权利； 3. 加强弱势群体保护； 4. 维护最广大人民的根本利益
	法律制度公正	1. 保障法律面前人人平等； 2. 立法公正、程序公正、执法公正
	政府管理制度公正	1. 建立健全政府管理的各项规章制度； 2. 保证行政过程的公平、廉洁、民主和高效
	文化制度公正	1. 保障不同社会群体受教育的平等权利； 2. 文化市场的公平竞争； 3. 宽容和公正地对待不同的文化及其交流
形式公正	公开性	内容标准公开、过程公开、反馈结果公开
	参与性	尽可能让所有具有资格的成员参与到制度的制定、实施、监督、评价与修正过程中

　　本文认为,制度评估的伦理建设的目的在于通过将"符合时代精神的伦理价值"纳入到政府制度评估指标体系和评估机制中的方式来规范和引导制度的走向。在这一建设过程中,"合伦理性"逐渐成为与完备性和有效性并列的制度评估标准,作为当前社会"时代精神"的"公正"成为了衡量制度"善"的首要准则。在这一意义上,对制度评估进行伦理建设的过程亦可以被视为建设制度伦理建设的必要途径:一方面,作为一项具体的行政行为,制度评估依照"合伦理性——时代精神——制度公正"的分析逻辑将抽象而宏观的伦理价值形象化为具体的制度标准,为制度伦理的建构完成提供了现实层面的基石;另一方面,以制度评估的伦理建设为契机,以"公正"为代

---

①　参见何颖:《制度伦理:价值与局限》,《中国社会科学报》2010年1月21日;《行政伦理与社会公正》,吉林人民出版社2009年版,第156—176页。

表的制度伦理得以成为政府制度评估体系所采用的评估标准,从而使制度伦理获得了一定的效力保障,进而促使行政主体自发地维护制度正义和公正的伦理精神。

(三)促成制度体系的伦理整合

正如在前文所反复强调的,地方政府创新是在微观先行的政治发展逻辑下社会治理模式自我完善的最直接实践活动。从现实层面来考量,地方政府创新带有明确的指向性和应激性,创新的最直接目的即在于解决地方政府在政治、经济、文化与社会等方面所遇到的困境与挑战。在这一前提下,地方政府创新的成果往往体现为针对某一具体问题的措施或方案,在此基础上形成的制度也大都带有专项治理的色彩,鲜有完整的制度体系诞生于地方政府创新之中。正因如此,原有制度体系中的"协作效应"①开始反作用于创新所衍生的新生制度,在客观上影响着其持续和推广。当然,一方面这种制度体系自我强化所产生的协作效应有效地维护了制度体系自身的稳定与持续,在很大程度上将可能出现的"伪创新、劣创新和恶创新"的影响范围压缩到了比较小的区域内。但是在另一方面,真正彰显出"时代精神"的创新成果同样也面临着原有制度体系的排斥和倾轧,前景十分堪忧。

从行政伦理的视角来考量,完整的制度体系是建立在某种制度秩序的基础上的。易言之,构成制度体系的各个具体制度具有相同或相近的伦理价值内核,制度间的互动即建立在此基础上。因此,当地方政府通过创新的形式将某种不同于以往的伦理精神镶入具体制度时,必然与原有的伦理价值内核产生冲突。这就导致了虽然某些创新是依照"公正"这一"时代精神"所进行的,但是由于对其进行监督、评判和反馈的配套制度均以"效率"等其他价值内核为导向,所以创新无法得到客观公允的评估,自身的存续性很难

---

① 协作效应是指在既定的制度框架下各地方政府及部门之间、各种配套制度之间会产生显著的协作关系,在其影响下整个政府机关习惯于这一模式的制度安排,任何率先进行的创新行为所产生的新制度都存在与同系统内其他制度相协调的问题。参见金太军、沈承诚:《区域公共管理制度创新困境的内在机理探究——基于新制度经济学视角的考量》,《中国行政管理》2007年第3期。

得到保障。

由此可见,单纯地在具体的地方政府创新个案中强调制度伦理的重要性并不能在真正意义上完成其建构工作,制度伦理真正建构完成尚需要与其配套的制度秩序环境。制度秩序环境是由制度体系整体性伦理价值内核所决定的,在此意义上,对制度体系进行伦理整合是制度伦理得以建构完成的重要保障。

在一般情况下,制度秩序自身包含着自我整合的力量,可以在政治、经济和文化多种社会因素的平衡互动中实现伦理价值内核的统一。但是当前的中国处于社会文明历史形态的跃迁历程中,各个社会因素之间出现了失衡的状况,并由此引发了制度自我整合力的弱化,"(只要这种社会动力依旧处于不受控制的状态),那么(制度的)平衡态就无从谈起,价值观和规则标准都无定数……人们很难区分何为公正,何为合理"①。在这种情境下,伦理价值内核的更新很难单纯依靠制度体系自身完成,必须要依托一定的外力对其进行协调与整合,"在这个时候,因其社会公共利益代表者的身份,(地方)政府能够也应当成为社会(制度)公正维护者的角色"②,进而对制度体系加以整体性的伦理整合,为制度伦理的建构完成提供制度秩序环境。

本文认为,以"公正"为伦理价值内核的制度秩序环境是制度伦理得以建构完成的重要保障。中国当前所处的"转型期"这一特殊社会发展阶段决定了制度体系很难通过自我更新的方式在短时间内完成伦理价值内核的全面更新。因此,由(地方)政府所主导的伦理整合成为现阶段更新制度体系伦理价值内核,优化制度秩序环境,保障制度伦理建构完成的必要途径。具体到地方政府创新实践中来看,具体的创新举措、方案或制度想要获得真正的持续性,就必须要得到制度体系所予以的整体性认可和支持。这种认可和支持不仅体现在创新成果的完备性和有效性,更体现在制度体系对于创新成果所包含的制度伦理精神的认同方面。仅当政府将"监督、评估和反馈"等配套制度的伦理价值内核统一地整合为"公正"的情况下,各种制度之

---

① [法]杜尔凯姆:《自杀论》,冯韵文译,浙江人民出版社 1988 年版,第 12 页。

② 张康之:《道德整合:社会公平与社会秩序获得的根本出路》,《学习与探索》2002年第 1 期。

间才能够真正地重新衔接起来,最大程度上地杜绝制度体系内部的非正常冲突,实现制度伦理的全面建构完成。

三、遵公平导向——贯彻公平伦理以化解
"创新受益者偏移"的难题

改革开放以来,我国逐渐建立起了社会主义市场经济体制,在经济发展方面取得了长足的进步,目前已经成为世界第二大经济实体。但是必须承认,在傲人的经济发展速度和经济总量的背后,隐藏的是极其不均衡的发展方式。行业间、城乡间、区域间的收入差距日益扩大,发展的成果并未为广大民众所共享,社会不公现象十分严重,由此引发的社会矛盾此起彼伏,愈演愈烈。

为解决社会不公的现实困境,中国共产党和人民政府不断地调整着宏观政策导向。1993 年中共十四届三中全会提出了"效率优先,兼顾公平"的发展思路;2002 年中共十六大进一步将其解读为"初次分配效率优先,再次分配注重公平";2004 年中共十六届四中全会首次使用了"社会公平"的概念;2005 年中央政府工作报告中将"社会公平"上升为政府工作的原则之一,同年召开的中共十六届五中全会再次强调"更加注重社会公平";2006 年召开的中共十六届六中全会以"构建社会主义和谐社会"为主题,系统阐述了"促进社会公平正义"的发展理念;2007 年召开的中共十七大上将实现社会公平正义界定为发展中国特色社会主义的重大任务;2012 年召开的中共十八大则进一步地指出"必须坚持维护社会公平正义","逐步建立以权利公平、机会公平和规则公平为主要内容的社会公平保障体系"。

从以上的简要总结中不难看出,随着政治、经济和社会的不断发展,"公平"已经逐渐成为社会发展的核心价值取向,其作用域亦已不再局限于收入分配等经济层面,在政治领域,民众同样需要来"公平"来"提供一种在社会的基本制度中分配权利和义务的办法,确定社会合作的利益和负担的适当分配"①。

中央的宏观导向需要落实,民众的诉求需要满足,基于微观先行的政治

---

① ［美］罗尔斯:《正义论》,何怀宏等译,中国社会科学出版社 1997 年版,第 3 页。

发展逻辑,"地方政府创新"应成为维护和实现社会公平的重要路径。但正如本文第四章所述,在"自利性"的作用下,地方政府的创新行为经常产生偏差,"创新"活动往往演变为政府为己或特定利益集团谋利的隐蔽手段,本应成为维护和实现社会公平重要路径的创新活动往往反而造成了社会不公现象的滋生。要确保地方政府创新本身所担负的"维护和实现社会公平"的社会责任能够真切地落到实处,必须先行性地将"公平伦理"贯彻于地方政府创新过程之中。本文认为,通过重塑创新公共利益导向和完善社会民主法治建设等途径将公平伦理贯彻于地方政府创新之中,是化解"受益者偏移"创新困境,确保创新方向的根本路径。

(一)重塑创新公共利益导向

按照一般规律来看,本部分应该围绕"在地方政府创新中如何树立公平理念"进行论述。但是本文认为,地方政府创新过程中公平伦理的缺失,乃至整个社会不公现象的蔓延,都有着深层次的原因,单纯地倡导创新过程中公平伦理理念的树立并不能从根本上解决"公平"问题,我们必须从社会不公产生的根源着手进行考察,才能为公平伦理的建构找到"立足之地",使其真正内化于地方政府创新等行政行为之中,促成社会的和谐发展。本文认为,公共行政所应遵循的"公益导向",特别是其背后所彰显的"公共性"属性,是我们展开研究的着眼点所在。

正如本文第四章所述,从本质上来看,政府的行政行为必然地带有"公共性"[1],因此,其亦被称为"公共行政"。公共性是公共行政的本质性内核所在,其代表着一种指向性的要求。在公共性的作用下,"公共行政以处理个人与集体间、社会团体间和利益阶层间相互关系为基础,希冀在多元利益冲突中发现,并彰显公共利益"[2]。对于公共利益的追求是公共性的根本特征,在"公共行政"到"公共管理"再到"公共服务"的历次范式转换过程中"公共性"本身的前提性基础地位并未发生改变,始终规范着政府的行政行

---

[1] 亦有学者将这种"公共性"总结为"公利性",以形成于"自利性"的对比。参见金太军:《政府的自利性及其控制》,《江海学刊》2010 年第 4 期。

[2] 张康之:《论"公共性"及其在公共行政中的实现》,《东南学术》2005 年第 1 期。

为。这种规范性是指"首先,公共行政应作为公共利益的代言人对公众的意志和意愿加以执行和表达;其次,公共行政应具有广泛的代表性,无论是行政组织还是个体行政人员,在公共政策的制定、实施和反馈的各个环节都应该公平地反映出社会成员的主要类别和偏好;再次,公共行政应具有开放性,以防行政人员由于信息不对等而采取欺骗或隐瞒的方式损害民众的利益;最后,公共行政应具有参与性,允许并鼓励民众参与到行政活动过程中来,以确保政府行政行为的公益取向"。①

"公益导向"是行政行为的基本价值向度,这是无须赘述的。本文认为,要在地方政府创新中贯彻公平伦理,破解"受益者偏移"创新困境,最终解决社会不公现象,我们依旧要从"公共性"这一"公益导向"的源头着手进行考量。

有学者指出,就"产生的根源"这一标准来看,可将"社会不公"划分为"市场机制内在逻辑产生的不公"和"政府自利性导向产生的不公"两种类型②。本文认为,无论是何种社会不公,都可以从政府及其行政行为的"公共性"中找到应然性应对方案,而现阶段社会不公现象的客观存在所折射出的恰恰是政府及行政行为对"公益导向"的背离。

首先,市场机制内在逻辑引发的不公与政府"缺位"。

必须承认,市场经济是一种非常有效的资源配置方式。在市场机制的作用下,社会资源的分配和生产力的布局主要交由价值规律来进行引导,企业和消费者分别对于利润和效用的最大化追求间的互动确保了资源配置方式的持续高效。但是相对而言,在市场机制作用下,社会资源的流动遵循的是"货币"导向,并不会自发地按照"人的需求"进行合理分配。"富者愈富,穷者愈穷"的马太效应即由此产生。易言之,市场经济善于"有效"地创造社会财富,而不善于"合道德性"地分配社会财富,"有效的市场制度可能产生极大的不公平","在政治上或道德上,这样的结果是不能为人所接受的"③。

---

① 张康之:《论"公共性"及其在公共行政中的实现》,《东南学术》2005年第1期。
② 此种分类方式及内容参见陈国权、王勤:《论政府公平悖论与社会责任》,《政治学研究》2008年第1期。
③ [美]萨缪尔森:《经济学》(第12版),高鸿业译,中国发展出版社1992年版,第84页。

由此可见,市场经济的自利特征使其不会自发地实现社会的公平和道德理想,以"社会收入两级分化"为代表的社会不公现象无法在市场机制中寻找到解决方案。

在这种情况下,政府作为公共利益的代表,理应负担起调节收入分配,保障社会各阶层(特别是低收入阶层)合法利益,维护社会公平的职责。政府的"公共性"决定了其公共利益代表的角色,"在市场经济条件下解决社会不公是政府的一项基本责任"①,"在市场经济条件下,要实现社会的公平正义,政府需要对利益分配进行强制性干预"②。

西方各国在第二次世界大战后所推动的"福利国家"制度正是政府通过对于社会财富的再次分配来解决社会不公问题的典范。通过福利国家制度,西方各主要资本主义国家有效地缓解了社会不公现象,建立起了较为完善的社会保障体系,提升了社会的稳定程度。相对而言,我国同样面对着市场机制内在逻辑所引发的社会不公现象,同样也需要在市场机制外寻找一种可以实现社会公平的机制来解决和克服社会不公现象。但是就目前而言,我国政府并没有建立起行之有效的社会财富再分配机制,社会不公现象依旧十分严重。可以说,政府并没有很好地履行维护社会公平这一由"公共性"赋予其的基本使命③。本文认为,基于市场机制内在逻辑所产生的社会不公虽然并非政府行为所导致,但是在公共性的作用下政府必须要扮演起"社会公平的维护者"这一角色,承担起相应的职责。诚然,与西方发达资本主义国家相比,我国的经济发展水平尚显落后,但是我们必须认识到,近年来经济的高速发展已经为社会公平的实现提供了现实的经济基础。区别于改革中前期政府"巧妇难为无米之炊"的无力境遇,当前的政府已经具备了实现社会公平的财政实力。在此前提下,由市场机制内在逻辑所引发的贫富分化等社会不公现象的"长期存在",更多情况下是由于政府的"缺位"所造成的。政府在维护社会公平方面的"不作为"蕴含着的是其对"公益导向"的实际背离。

---

① 陈国权、王勤:《论政府公平悖论与社会责任》,《政治学研究》2008 年第 1 期。

② 俞可平:《论维护和实现公平正义》,《北京日报》2007 年 5 月 28 日。

③ 陈国权、王勤:《论社会公正与政府的公共性》,《政治学研究》2004 年第 4 期。

其次,政府自利性导向产生的不公与政府"越位"。

作为一种本质性属性,"公共性"始终规范着政府的行政行为。在其作用下,作为行政行为载体,"公共政策的制定必须以追求公共利益为前提,以维护社会公平,建设和谐社会为目标"①,"无论是行政组织还是个体行政人员,在公共政策的制定、实施和反馈的各个环节都应该公平地反映出社会成员的主要类别和偏好"②。易言之,"公共性"要求政府担负起维护社会公平的责任,作为实现责任载体的公共政策,其制定、实施和反馈等各个环节都应该体现出公平的精神。但是在地方政府创新等行政实践活动中,非公共利益导向的政策并不鲜见,体制性因素往往是造成社会不公的最主要原因。政府往往不仅没有发挥其应有的维护社会公平的作用,反而成为了社会不公的重要根源。究其原因来看,地方政府创新等行政行为中所蕴含的政府自利性导向是造成不公现象的根源所在。

在第四章中,我们已经简要地介绍了政府自利性的由来与内涵,并进一步指出,政府自利性是造成政府在创新理念之争中无视自身所应担负的"维护社会公平"职责,摒弃"民众受益"与"弱势群体受益"创新导向的核心诱因。

长期以来,"人们普遍认为,政府所拥有的绝对的职能都是无私地追求公共利益,社会公共利益最大化被视为行政行为和政府制度的应然性最终目标"③。当然,人们创造政府,并将自己的一部分权力让渡于其的目的就在于政府可以保障人们可以享有理性的、公平的社会生活,因此,可以说创造和保护社会的"公共幸福"是政府的根本目的所在。但是在另一方面,政府同样也是由人所组成的,政府行为主体依旧会依照自利原则来从事行政行为,"从公共政策行动中可能获得的收益和自己所花费的成本同样也影响着那些行政公共决策权和从事政府行为的政府官员们"④。

---

①　陈国权、王勤:《论政府公平悖论与社会责任》,《政治学研究》2008 年第 1 期。

②　张康之:《论"公共性"及其在公共行政中的实现》,《东南学术》2005 年第 1 期。

③　[美]布坎南:《自由、市场与国家》,吴良建等译,北京经济学院出版社 1990 年版,第 35 页。

④　[美]布坎南:《自由、市场与国家》,吴良建等译,北京经济学院出版社 1990 年版,第 35 页。

由此可见,政府利益①和公众利益是客观存在于政府行政行为之中的不同导向,当两者"共容"②的情况下,政府利益和公众利益呈现出"一荣俱荣,一损俱损"的正相关发展态势,政府对于"自利性"的追逐同样也会促成公众利益的最大化,反之亦然;而在两者不相容的情况下,政府利益和公众利益之间处于"此消彼长"的零和博弈之中,政府自利的达成必须建立在公共利益受损的基础上。而在这种情况下,"(政府及公职人员)在面临公私冲突的时候,首先所顾及到的往往是其个体的利益,因为相对理智而言,人们的感情的力量更为强大"③。基于此,"公共性"以及由其所赋予的"维护社会公平"的责任往往为政府抛诸脑后,各地方政府纷纷化身为"地方政府公司",采取公权私用、与强势利益集团联盟等"越位"的方式在社会各个领域追逐自身利益的最大化。"当政府摒弃了其社会公平最重要维护者的角色与职责,作为直接参与者活跃在市场经济之中,成为和企业并无二致的利益主体之时,社会就无谓公平和正义可言了。"④

政府在面对"市场机制内在逻辑产生的不公"时的缺位和追逐"自利性"时的越位是造成当前社会不公现象的原因所在。可以说,当前政府并没有很好地负担起"公共性"所赋予其的维护社会公平的职责。政府的"公共性"是公平伦理得以成立的基本前提,当前地方政府创新过程中所出现的"公平伦理"缺失的实质即为创新导向对"公共性"的背离。因此,意欲建构政府的公平伦理,必须从推动政府回归"公共性",重塑行政行为的"公益导向"开始着手。在政府"归位"的前提下,维护社会公平的责任才会为其所承认,公平

---

① 一般而言,广义的政府利益包括公共利益、组织利益和政府组织成员的利益三方面。本文中所使用的是其狭义的界定,即将政府利益视为与公共利益相对的概念,认为其主要包括组织利益和政府组织成员的利益两部分内容。政府的自利性即是指对于组织利益和政府组织成员利益的追求。

② 共容属于政治经济学中的观点,即指"如果某位理性地追求自身利益的个人或某个拥有相当凝聚力和纪律的组织能够获得该社会所有产出增长额中相当大的部分,并且同时会因为该社会产生的减少而遭受极大的损失,则该个人或组织在此社会中便拥有一种共容利益",参见[美]奥尔森:《通向经济成功的一条暗道》,《比较》2004年第1期。

③ [英]霍布斯:《利维坦》,黎思复、黎廷弼译,商务印书馆1986年版,第144页。

④ 张康之:《道德整合:社会公平与社会秩序获得的根本出路》,《学习与探索》2002年第1期。

伦理的价值内核才可能为其所接受,公平伦理的建构工作方能正式开展起来。

相对而言,推动政府"公共性"的回归是在宏观层级上为公平伦理的建构完成所做的理念铺陈工作。当政府可以真正把握"公共性"对其所提出的职责要求之时,公平伦理的建构工作便成为了可能。具体来看,公平伦理所意欲彰显的理念可以分为两种,即差别原则与底线公平①。所谓差别原则即是罗尔斯所提出的"所有人都应享有平等分配的社会价值,只允许能给最不利者带来最大利益补偿的不平等分配"理念。在这一理念的指导下,地方政府在创新过程中应根据目标群体的政治、经济与社会资源的占有量进行区别分析,对于强势群体进行规范和引导,对于弱势群体进行帮助和扶持,在回应民众诉求的过程中始终将弱势群体的利益置于首要考虑的位置。在这种情况下,地方政府创新所造成的社会资源的非平等性再分配才可以被视为合理的,是对社会公平的维护而非破坏。而底线公平则是指政府需要以设定底线的方式来确保社会民众可以得到最基本的生存和发展的保障。所有民众在底线面前的权利具有一致性,政府将运用刚性的权力来保障民众底线以下的基本权利,而对底线以上的差异性权利诉求则可以采取多中心(市场、社会)共建的方式逐渐予以回应。这就要求地方政府在创新过程中应把握社会民众的诉求内核,寻找到符合社会民众基本权利底线,以此为出发点展开创新活动。②

本文认为,政府行政行为对于"公共性",特别是其所蕴含的"公益导向"的背离是造成当前社会不公现象的根源所在。在这一客观现实下,公平伦理失去了其得以立足的基石。因此,要在地方政府创新等行政行为中真正贯彻公平伦理,解决以创新"受益者偏移"为代表的社会不公现象的前提应为"公益导向"的重塑。当"公益导向"真正地内化于行政行为之中时,"差别原则"和"底线公平"才可能真正地为创新主体所认可。公平伦理才可能真正地作用于以地方政府创新为代表的行政行为之中,社会的政治、经济和

---

① 李金龙、肖雪峰:《我国公共政策公平性治理研究》,《当代世界与社会主义》2010年第2期。

② 景天魁:《适度公平就是底线公平》,《中国党政干部论坛》2007年第4期。

文化权益在全体公民之间公平而合理的分配才成为可能。

（二）完善社会民主法治建设

正如上文所述，推动创新"公益导向"的重塑是在地方政府创新中贯彻公平伦理的理念基石，在此基础上，公平伦理中所蕴含的"差别原则"和"底线公平"导向想要由"可能"转变为"现实"，真正地发挥作用，还需要一定的外部保障。本文认为，"民主法治"是公平伦理在地方政府创新等行政行为中得以贯彻的现实保证。

"民主是指人民参与国家事务管理的权利，法治是指治理国家必须依照法律。民主法治就是社会主义民主得到充分发扬，依法治国基本方略得到落实，各方面积极因素得到广泛调动。"①民主是法治得以确立的前提，法治是民主得以成立的保障。民主和法治之间是相互依赖、共同促进的共生关系。

从本质上来看，维护社会公平是"公共性"赋予政府的社会责任。通过前文中对于责任伦理的研究，我们不难发现，仅凭政府的道德自觉很难将"维护社会公平"这一社会责任落到实处，相对而言"一整套既能充分反映和表达人民利益，又能确保政府权力为人民所用、政府政策满足人民需要的制度、程序和法规"②是更具有持久性和稳固性的基础保障。在当前中国的现实语境中，"民主法治"无疑是充当这一现实基础的最佳选择。

民主是实现社会公平的重要前提。民众个体的权利必须借由民主制度方能彰显出来。民主制度是发现、集中和表达公共利益的有效渠道，是制定、评估和反馈政府政策的有效平台。首先，"民主"推动了社会公平的实现进程。作为一种公益性公共事业，"维护社会公平"并不会给政府带来更多的经济收益或者"额外的捐税"。因此，"维护社会公平"这一社会责任的落实并不会获得来自政府内部的自发性驱动力支持，需要由来自外部的制度性力量加以刚性推动。"究其本源来看，这种推动力从根本上来源于民主政

---

① 李先波:《民主法治:和谐社会的重要特征》,《光明日报》2005 年 11 月 30 日。
② 俞可平:《论维护和实现公平正义》,《北京日报》2007 年 5 月 28 日。

治的诉求。"①其次,"民主"保障了公平标准的客观真实。正如上文所述,"差别原则"和"底线公平"是公平伦理所要彰显的价值面向所在。在具体的地方政府创新等行政实践活动中,如将"弱势群体的主体,弱势群体的诉求,具有一致性的权利底线"等一系列公平伦理核心标准交由政府独自审核界定,那么政府的"自利性"将会在很大程度上影响其评判的客观程度,反而会导致社会不公的滋生。在这种情况下,必须以通过听证、咨询和协商座谈等方式充分听取利益相关者的意见,以民主制度确保创新中对于"公平"界定的客观真实,确保民众,特别是弱势群体的"创新第一受益者"位置。

法治是实现社会公平的根本保障。权利需要权力的保障,这是毋庸置疑的政治法则。政府权力边界的界定和公民权利的保障都需要建立在民主基础上的法治来完成。正如上文所述,社会不公现象的长期存在所折射出的是政府在维护社会公平责任方面的失职。根据法治社会"职责一致"的理念逻辑,法治不单指对于政府权力的限制,同时还有对于失职行为的追责的意蕴。这种追责所附带的法律强制力确保了政府的高回应性。正因为如此,只有在法治社会中,"任何行政主体都是责任主体,所有行政行为都应处于责任状态"②才能得以真正落实。法治所带有的刚性强制力在应对政府自利性倾向时效果尤为显著,真正可以触及行政主体自身根本利益的责任追究制度是"维护社会公平"等政府责任得以落实的根本保障。

本文认为,在面对政府的自利性导向时,民主可以为政府提供"维护公平"的驱动力和"辨析'公平'真伪"的标准;法治则为民主提供了权力保障,切实地保证了"维护公平"这一政府社会责任的落实情况。在民主法治的作用下,民众不仅有意愿,并且有能力参与、影响,甚至控制地方政府创新等政府行政行为。在社会公平这一民众所最为关心的基本价值诉求的作用下,公平伦理的精神将随着公共性的回归而贯彻至地方政府创新活动过程中。创新政策一旦偏移公益导向,受益主体一旦脱离民众范畴,民众均可通过问责的形式对其进行追究和纠正。

地方政府创新过程中公平伦理的贯彻融通需要来自"公益导向"的理念

---

① 陈国权、王勤:《论政府公平悖论与社会责任》,《政治学研究》2008 年第 1 期。

② 王玉明:《论政府的责任伦理》,《岭南学刊》2005 年第 3 期。

指导和源于民主法治的现实保障。从发展的眼光来看,推广公平伦理的意义不仅在于解决地方政府所面临的"受益者偏移"的创新困境,保证社会中的民众(或弱势群体)可以基于自身的政治力量与建立在政治力量之上的民主法治制度而成为地方政府创新的"第一受益人",其更重要的意义在于通过蕴含公平伦理精神的创新经验的推广,为下一步建设以"权利公平、机会公平和规则公平"为主要内容的社会公平保障体系,真正促成社会公平提供坚实的理念与现实保障。本文认为,这也是"地方政府创新"所蕴含的微观先行的政治发展逻辑的真意所在。

小　结

在本章中,我们承接第四章中对于地方政府创新困境的研究分析,指出地方政府在对多种互不相容的创新路径、类型和理念作出选择时的"伦理缺失"是造成其目前面对困境的原因所在,并借此提出了以贯彻责任伦理、制度伦理和公平伦理精神为主的化解地方政府创新困境的伦理路径。

当前地方政府创新过程中,责任伦理的缺失导致地方政府往往为了规避责任而选择"自上而下"的创新路径和"被动回应"的创新类型,"推动力不足"的困境即由此产生。由此可见,要解决地方政府所面对的"创新推动力不足"的困境,必须要从树立责任伦理精神着手。本文提出,责任伦理的树立需要从内部和外部途径同时展开,明确行政主体角色定位、培育行政主体伦理人格、推进伦理规范制度化进程和健全责任伦理监督机制是地方政府创新过程中责任伦理得以确立的重要保障。

地方政府创新持续性不高困境产生的根源在于地方政府缺乏一种"以伦理道德为核心"的评判标准来审视和评价原有的政治秩序和创新所形成的制度草案究竟"正当与否"。由此可见,加强制度伦理建设是地方政府突破当前所面对的"创新持续性不高"困境的关键所在。本文提出,可以从培育审视制度的发展观念、强化制度评估中的伦理建设和促成制度体系的伦理整合三方面入手,促成地方政府创新过程中制度伦理的建构完成。

地方政府创新过程中受益者偏移的原因在于地方政府在不合理自利性

的推动下对于自身利益的最大化追求。在自利性的作用下,地方政府的创新行为经常产生偏差,"创新"活动往往演变为政府为己或特定利益集团谋利的隐蔽手段,本应成为维护和实现社会公平重要路径的创新活动往往反而造成了社会不公现象的滋生。要确保地方政府创新本身所担负的"维护和实现社会公平"的社会责任能够真切地落到实处,必须先行性地将"公平伦理"贯彻于地方政府创新过程之中。本文提出,通过重塑创新公益导向和推行社会民主法治建设等途径将公平伦理贯彻于地方政府创新之中,是化解"受益者偏移"创新困境,确保创新方向的根本路径。

本章是全书正文的最后一部分。本章以之前章节的研究内容为基础,以针对性的伦理向度建设为着眼点,构建了化解地方政府创新困境的伦理路径。

结　语

作为一个鲜活的理念,"创新"代表着一种开拓进取的意愿、革除旧弊的勇气和推陈出新的能力。正因为如此,发端自经济学领域的"创新"理论逐渐推广开来,"成为 20 世纪 60—70 年代以来社会科学领域最时髦的名词"①,"政府创新"亦逐渐成为西方国家践行新公共管理、新公共服务、治理与善治等先进理念,推动政府改革的重要途径。时至今日,通过创新改善政府管理的浪潮已经席卷全球,"重塑、再造等词语成为描述政府发展状况的最常用词汇,政府创新获得了世界各国政府的普遍关注和高度重视"②。

自 20 世纪 70 年代末以来,我国全面开启了改革开放的新时代。改革开放是一个涵盖政治、经济和文化等方面的整体性社会进步过程,中国共产党和人民政府顺应历史趋势,回应人民需求,积极推动了"从管制转向服务"的管理革命③,不断推进着政府的改革进程。在中国的现实语境下,"微观先行"是政治发展所遵循的基本逻辑。在这一逻辑的作用下,"改革"往往以"创新"为先导,"中央政府全面推广"往往以"地方政府试点展开"为前提,"政治体制的改革"往往以"行政体制的更新"为基础,"社会治理模式的变迁"往往以"地方政府创新"为开端。各级地方政府在中央政府的倡导和推动下进行了有益的探索和实验,地方政府创新逐渐成为了我国政府变革的重要方式与手段,其身影遍布政治改革、行政改革、公共服务和社会管理等

---

① George W. Downs, Lawrence B. Mohr, "Conceptual Issues in Innovation," *Administrative Science Quarterly*, 21(4)(Dec. ,1976), pp. 700—714.

② 吴建南等:《中国地方政府创新的动因、特征与绩效——基于"中国地方政府创新奖"的多案例文本分析》,《管理世界》2007 年第 8 期。

③ 周光辉:《从管制转向服务:中国政府的管理革命——中国行政管理改革 30年》,《吉林大学学报》(哲学社会科学版)2008 年第 3 期。

各个领域。

　　但是随着地方政府创新的不断发展前行,"推动力不足""持续性不高"和"受益者偏移"等困境逐渐显现于创新实践之中。创新困境中所折射出的"谁来创新""如何持续""由谁受益"等充满现实意味的诘问的背后蕴含着的是对地方政府创新内在价值导向的追寻。诚然,上述的创新困境最直观地表现为现实层面的实践问题,然而从根本上来看,"对上负责 VS 对民负责""照规章办事 VS 依民意改'制'"和"自利最大化 VS 公益优先"等行政价值冲突是引发创新困境的根本原因,地方政府在对多种价值观和原则进行排序过程中伦理精神的缺失是造成创新困境的根源所在。因此,创新困境既是实践问题又是伦理问题,多学科、多视角的分析应是化解创新困境必不可少的研究方法与思路。

　　毋庸置疑,地方政府创新是当前理论界的研究热点之一。但就目前而言,学者们往往更倾向于以即时性的政策研究和案例性的实证研究的视角来对地方政府创新进行审视,其所运用的分析工具和理论基础多源于组织理论和管理学理论。因此,政府创新的生成机制、决策模式、传播和扩散的条件、评估与测量等带有明显的组织行为学意味的问题构成了政府创新研究的核心议题;变革组织领导、结构和制度体系等源于管理学理论的创新思路为学者们所广为推崇。在此基础上,"效用性"成为了政府创新研究的着眼点所在,"政治路径""科学路径"与"市场路径"成为了政府提供公共服务、开展创新实践的主要途径。

　　应该承认,当前理论界立足于组织理论和管理学理论的研究为地方政府创新的开展、推广以及创新困境的解决提供了基本的思考方向和理论依据。但是需要指出的是,这种研究更多地以地方政府创新的"新颖性"和"实践性(即有效性)"等"效用要素"为主要考察对象,相应的,对以"公共性"为核心内容的"价值要素"的考量则较为鲜见。

　　在中国的现实语境下,"创新"一词本身即带有先在的正当性预设,正如中共十六大报告中所指出,"创新是一个民族的灵魂,是一个国家兴旺发达的不竭动力,也是一个政党永葆生机的源泉"。因此,"地方政府创新"并非简单地指代"地方政府对行政行为的新方法和新模式的探索",学者们将其进一步地阐发为"(地方)公共权力机关为了提高行政效率和增进公共利益而进行的创造性改革"①。以"提高行政效率"为代表的效用要素和以"增进公共利益"为核心的价值要素共同构成了地方政府创新的"正当性",两者相辅相成,缺一不可。

由此可见,"效用"这一风行于当前地方政府创新理论研究中的视角并不能完全概括创新"正当性"的全部内涵,"价值"同样是地方政府创新理论研究中所应着意考察的重要内容,从一定意义上来说,以"公共性"为核心的价值要素甚至更能凸显出创新的"正当性"意蕴。诚然,地方政府并不缺乏创新的基本价值目标,但问题在于如何将"民主、法治、责任、服务、质量、透明和廉洁"等价值要素真切地内化为创新主体的行动理念和价值观与原则的评判标准,进而真正地指导地方政府创新实践的发展前行。因此,行政伦理这一内化于行政主体的价值观念模式和行为道德准则,成为了引导和规范创新主体价值选择的最重要途径,也借此成为了地方政府创新正当性的重要保障。

正是基于这一思路,本文以行政伦理为视角对地方政府创新进行了重新审视。本文在对于地方政府创新的伦理内涵和价值要求进行剖析的基础上,构建起了以责任伦理、制度伦理和公平伦理为核心的创新价值导向体系,对地方政府创新过程中所存在的现实困境施以伦理视角的分析和解读,尝试性地提出了化解地方政府创新困境、推动地方政府创新有序前行的伦理路径,以期对地方政府创新的理论研究和实践开展提供有益的参考。

本文认为,"地方政府创新"不仅仅是一种行政活动,从本质上而言更是一种伦理活动。地方政府创新已成为公共管理这一社会治理模式回应民众"伦理在场"偏好需求、实现自身伦理转向的最直接践行方式。正因为如此,表面上散见于各个层级、涉及各个方面的地方政府创新实践拥有着共同的趋势,从管制到服务、从全能到有限、从人治到法治、从集权到分权、从统治到治理的地方政府创新趋势均是以民众所呼唤的"伦理化的服务精神"为基础与内核的。从更加具体的层级来考量,本文所提出的责任伦理、制度伦理与公平伦理三个伦理向度亦可视为内含于"负责的政府""良善的制度"和"公平的社会"等民众现实呼吁中的伦理在场偏好需求,地方政府创新的实

① 俞可平:《民主与陀螺》,北京大学出版社 2006 年版,第 107 页。

质即为对于以上三种伦理向度在场需求的具体回应和践行。因此,以上三种伦理向度必然地凸显于地方政府创新过程之中,成为地方政府所着意考察和彰显的先在性创新价值面向。在此视角下,地方政府在对多种互不相容的创新路径、类型和理念作出选择时所运用标准的"伦理缺失"是造成创新困境的原因所在。借此,要从根本上解决地方政府创新所面临的"推动力不足、持续性不高和受益者偏移"的困境,地方政府必须要在创新过程中切实地贯彻责任伦理、制度伦理和公平伦理所内涵的伦理精神。在此意义上,伦理路径是解决当前地方政府创新困境的根本途径所在。

　　本书从行政伦理的视角对地方政府创新进行分析,并不是企图否定当前学界所采取的即时性政策研究和案例性实证研究的视角以及研究成果,而是要在"效用性"的基础上为地方政府创新的正当性增添源于伦理价值层面的保障。当然,本书所构建出的伦理路径亦不是可以"包治百病"的万用灵丹,其与政治、科学与市场路径之间是互补而非排他的关系。同样的,"徒善不足以为政,徒法不能以自行",只有将内在的伦理建设与外在的制度保障有机地结合起来,才可能真正地确保地方政府创新的有序前行。本书的研究意义更多地体现在彰显"公共性"以及由其所衍生的"公益取向"等伦理价值要素在地方政府创新过程中的重要作用方面。希望通过本书的研究,可以为我国地方政府创新的理论建构和实践开展提供一种伦理层面的思考维度,为我国早日完成服务型社会治理模式转型尽绵薄之力。

　　让我们借用这样一句话来结束,"创新的目标应集中于缔造一个积极回应公众需求的政府运行模式,创新应是达到这一目标的手段而非目标本身……对社会秩序与社会公正等价值层面的追寻才是地方政府创新的根本目标所在"①。

---

　　①　杨雪冬、陈雪莲:《政府创新与政治发展》,社会科学文献出版社2011年版,第12页。

参考文献

中文著作

［1］　《马克思恩格斯全集》,人民出版社 1995 年版。

［2］　蔡伟民:《政务公开:理论与实践》,中国农业出版社 2009 年版。

［3］　陈国权:《责任政府:从权力本位到责任本位》,浙江大学出版社 2009 年版。

［4］　陈国权:《社会转型与有限政府》,人民出版社 2008 年版。

［5］　陈红太:《中国地方政府创新的理论和实证研究报告集》,吉林人民出版社 2011 年版。

［6］　陈振明:《公共管理学》,中国人民大学出版社 1999 年版。

［7］　樊浩:《中国伦理精神的历史建构》,江苏人民出版社 1992 年版。

［8］　甘绍平:《应用伦理学前沿问题研究》,江西人民出版社 2002 年版。

［9］　高力:《公共伦理学》,高等教育出版社 2003 年版。

［10］　高晓红:《政府伦理研究》,中国社会科学出版社 2008 年版。

［11］　郭夏娟:《公共行政伦理学》,浙江大学出版社 2010 年版。

［12］　韩志明:《行政责任的制度困境与制度创新》,经济科学出版社 2008 年版。

［13］　行政管理学会:《政府层级管理》,人民出版社 2009 年版。

［14］　何显明:《顺势而为:浙江地方政府创新实践的演进逻辑》,浙江大学出版社 2008 年版。

［15］　何颖:《行政伦理与社会公正》,吉林人民出版社 2009 年版。

[16] 李德志:《社会转型期弱势群体问题研究:以政府的责任与对策为视角》,吉林人民出版社 2009 年版。

[17] 李强:《社会分层十讲》,社会科学文献出版社 2008 年版。

[18] 李伟权:《政府回应论》,中国社会科学出版社 2005 年版。

[19] 李映洲:《外国政府制度》,甘肃人民出版社 1993 年版。

[20] 刘靖华:《政府创新》,中国社会科学出版社 2002 年版。

[21] 刘祖云:《当代中国公共行政的伦理审视》,人民出版社 2006 年版。

[22] 娄成武、杜宝贵:《行政管理学》,高等教育出版社 2010 年版。

[23] 罗国杰:《道德建设论》,湖南人民出版社 1997 年版。

[24] 吕增奎:《民主的长征:海外学者论中国政治发展》,中央编译出版社 2011 年版。

[25] 倪愫襄:《制度伦理研究》,人民出版社 2008 年版。

[26] 沈世光:《公共行政伦理学导论》,上海人民出版社 2008 年版。

[27] 田秀云:《当代社会责任伦理》,人民出版社 2008 年版。

[28] 万俊人:《现代公共管理导论》,人民出版社 2008 年版。

[29] 王海明:《伦理学原理》,北京大学出版社 2001 年版。

[30] 王焕祥:《中国地方政府创新与竞争的行为、制度及其演化研究》,光明日报出版社 2009 年版。

[31] 王惠岩:《政治学原理》,高等教育出版社 2000 年版。

[32] 王伟:《行政伦理概述》,人民出版社 2001 年版。

[33] 王伟:《中国韩国行政伦理与廉政建设研究》,国家行政学院出版社 1998 年版。

[34] 魏金敏、金可溪:《伦理学简明教程》,北京大学出版社 1984 年版。

[35] 吴知论:《中国地方政府管理创新》,人民出版社 2004 年版。

[36] 伍启元:《公共政策》,商务印书馆 1985 年版。

[37] 夏书章:《行政管理学》(第四版),中山大学出版社 2003 年版。

[38] 谢庆魁:《政府学概论》,中国社会科学出版社 2005 年版。

[39] 杨雪冬、陈雪莲:《政府创新与政治发展》,社会科学文献出版社 2011 年版。

［40］ 俞可平：《和谐社会与政府创新》，社会科学文献出版社 2008 年版。

［41］ 俞可平：《民主与陀螺》，北京大学出版社 2006 年版。

［42］ 俞可平：《中国地方政府创新案例研究报告（2007—2008）》，北京大学出版社 2009 年版。

［43］ 俞可平：《地方政府创新与善治：案例研究》，社会科学文献出版社 2003 年版。

［44］ 俞可平：《政府创新的中国经验——基于"中国地方政府创新奖"的研究》，中央编译出版社 2011 年版。

［45］ 袁贵仁：《价值学引论》，北京师范大学出版社 1991 年版。

［46］ 詹世友：《公义与公器》，人民出版社 2006 年版。

［47］ 张成福、党秀云：《公共管理学》，中国人民大学出版社 2001 年版。

［48］张创新：《中国地方政府职能部门管理前沿问题专题研究》，吉林大学出版社 2012 年版。

［49］ 张国庆：《公共行政学》（第三版），北京大学出版社 2009 年版。

［50］ 张康之、李传军：《行政伦理学教程》，中国人民大学出版社 2009 年版。

［51］ 张康之：《论伦理精神》，江苏人民出版社 2010 年版。

［52］ 张康之：《寻找公共行政的伦理视角》，中国人民大学出版社 2002 年版。

［53］ 张良编：《公共管理学》，华东理工大学出版社 2001 年版。

［54］ 张维平、伍晓鹰：《经济自由主义思潮的对话》，三联书店 1989 年版。

［55］ 张贤明：《论政治责任》，吉林大学出版社 2000 年版。

［56］ 中国（海南）改革发展研究院：《中国公共服务体制：中央与地方关系》，中国经济出版社 2006 年版。

［57］ 周奋进：《转型期的行政伦理》，中国审计出版社 2000 年版。

［58］ 周光辉：《论公共权力的合法性》，吉林出版集团有限责任公司 2007 年版。

［59］ 朱贻庭主编：《伦理学大辞典》，上海辞书出版社 2002 年版。

中文译文与译著

［1］ ［巴西］斯宾克：《改革地方公共管理的权利路径：巴西的经验》，《经济社会体制比较》2003年第4期。

［2］ ［德］哈贝马斯：《交往与社会进化》，张博树译，重庆出版社1989年版。

［3］ ［德］哈贝马斯：《重建历史唯物主义》，郭官义译，社会科学文献出版社2000年版。

［4］ ［德］黑格尔：《法哲学原理》，范扬、张企泰译，商务印书馆1961年版。

［5］ ［德］马克斯·韦伯：《学术与政治：韦伯的两篇演说》，冯克利译，三联书店1998年版。

［6］ ［德］施路赫特：《信念与责任——马克斯·韦伯伦理》，李康译，李猛主编：《韦伯：法律与价值》，上海人民出版社2001年版。

［7］ ［法］让·马克．夸克：《合法性与政治》，童新平、王远飞译，中央编译局出版社2004年版。

［8］ ［法］杜尔凯姆：《自杀论》，冯韵文译，浙江人民出版社1988年版。

［9］ ［法］霍尔巴赫：《自然政府论》，陈太先、胜茂译，商务印书馆1994年版。

［10］ ［古希腊］亚里士多德：《尼各马可伦理学》，苗力田译，中国社会科学出版社1990年版。

［11］ ［美］奥尔森：《国家的兴衰探源》，吕应中译，商务印书馆1999年版。

［12］ ［美］奥尔森：《通向经济成功的一条暗道》，《比较》2004年第1期。

［13］ ［美］丹尼斯·荣迪内利：《为人民服务的政府：民主治理中公共行政角色的转变》，《经济社会体制比较》2008年第2期。

［14］ ［美］约瑟夫·熊彼特:《经济发展理论》,何畏、易家详译,商务印书馆1990年版。

［15］ ［美］詹姆斯·罗西瑙等编:《没有政府的治理》,张胜军等译,江西人民出版社2001年版。

［16］ ［美］珍妮特·V. 登哈特、罗伯特·V. 登哈特:《新公共服务——服务,而不是掌舵 》,丁煌译,中国人民大学出版社2010年版。

［17］ ［美］阿瑟·奥肯:《平等与效率:重大的抉择》,王奔洲译,华夏出版社1987年版。

［18］ ［美］保罗·C. 莱特:《持续创新:打造自发创新的政府和非盈利组织》,张秀琴译,中国人民大学出版社2004年版。

［19］ ［美］博登海默:《法理学——法哲学及其方法》,邓正来译,华夏出版社1987年版。

［20］ ［美］布坎南:《自由、市场与国家》,吴良建等译,北京经济学院出版社1990年版。

［21］ ［美］查尔斯·拉莫尔:《现代性的教训》,刘擎、应奇译,东方出版社2010年版。

［22］ ［美］戴维·奥斯本、特德·盖布勒:《改革政府——企业精神如何改革着公营部门》,上海市政协编译组和东方编译所编译,上海译文出版社2006年版。

［23］ ［美］戴维·伊斯顿:《政治生活的系统分析》,王浦劬译,华夏出版社1999年版。

［24］ ［美］弗雷德里克森:《公共行政的精神》,张成福译,中国人民大学出版社2003年版。

［25］ ［美］盖伊·彼得斯:《政府未来的治理模式》,吴爱明译,中国人民大学出版社2001年版。

［26］ ［美］汉密尔顿等:《联邦党人文集》,程逢如等译,商务印书馆1980年版。

［27］ ［美］亨廷顿:《第三波——20世纪后期民主化浪潮》,刘军宁译,三联书店1998年版。

［28］ ［美］卡尔·科恩:《论民主》,聂崇信译,商务印书馆2004年版。

［29］　［美］科斯等:《财产权利与制度变迁——产权学派与新制度学派译文集》,刘守英等译,上海三联书店1994年版。

［30］　［美］罗尔斯:《正义论》,何怀宏等译,中国社会科学出版社1997年版。

［31］　［美］罗森布鲁姆:《公共行政学:管理、政治和法律的途径》,陈振明译,中国人民大学出版社2002年版。

［32］　［美］麦金太尔:《谁之正义? 何种合理性?》,万俊人等译,当代中国出版社1996年版。

［33］　［美］麦金泰尔:《德性之后》,龚群译,中国社会科学出版社1995年版。

［34］　［美］麦克斯怀特:《公共行政的合法性——一种话语分析》,吴琼译,中国人民大学出版社2002年版。

［35］　［美］缪勒:《公共选择》,王诚译,三联书店1992年版。

［36］　［美］诺斯:《经济史中的结构与变迁》,厉以宁译,上海三联出版社1994年版。

［37］　［美］诺斯:《制度、制度变迁与经济绩效》,刘守英译,上海三联书店1994年版。

［38］　［美］萨缪尔森:《经济学》(第12版),高鸿业译,中国发展出版社1992年版。

［39］　［美］特里·库帕:《行政伦理学:实现行政责任的途径》,张秀琴译,中国人民大学出版社2001年版。

［40］　［美］斯塔林:《公共部门管理》,陈宪译,上海译文出版社2003年版。

［41］　［美］约翰·马丁·费舍、马克·拉维扎:《责任与控制——一种道德责任理论》,杨韶刚译,华夏出版社2003年版。

［42］　［英］格里·斯托克:《作为理论的治理:五个论点》,华夏风译,《国际社会科学杂志》(中文版)1999年第1期。

［43］　［英］艾伦·劳顿:《公共服务伦理管理》,冯周卓译,清华大学出版社2008年版。

［44］　［英］霍布斯:《利维坦》,黎思复、黎廷弼译,商务印书馆1986

年版。

[45] [英]马克斯·H. 布瓦索:《信息空间:认识组织、制度和文化的一种框架》,王寅通译,上海译文出版社 2000 年版。

[46] [英]尼尔·麦考密克、[奥地利]魏因贝格尔:《制度法论》,周叶谦译,中国政法大学出版社 1994 年版。

中文论文

[1] 昂永生:《论我国行政道德责任的重构》,《中国行政管理》2000 年第 3 期。

[2] 白钢:《论政治的合法性原理》,《天津社会科学》2002 年第 4 期。

[3] 包国宪、孙斐:《演化范式下中国地方政府创新可持续研究》,《公共管理学报》2011 年第 1 期。

[4] 鲍宗豪:《社会需求与社会和谐》,《中国社会科学》2007 年第 5 期。

[5] 陈国富:《官僚制的困境与政府治理模式的创新》,《经济社会体制比较》2007 年第 1 期。

[6] 陈国权、黄振威:《地方政府创新研究的热点主题与理论前瞻》,《浙江大学学报》(人文社会科学版)2010 年第 4 期。

[7] 陈国权、李院林:《政府自利性:问题与对策》,《浙江大学学报》(人文社会科学版)2004 年第 1 期。

[8] 陈国权、王勤:《论政府公平悖论与社会责任》,《政治学研究》2008 年第 1 期。

[9] 陈国权、麻晓莉:《地方政府制度创新与民营经济发展——温州制度变迁的轨迹与分析》,《中国行政管理》2004 年第 6 期。

[10] 陈国权、李院林:《论责任政府的基本属性》,《社会科学战线》2008 年第 2 期。

[11] 陈家刚:《地方政府创新与治理变迁——中国地方政府创新案例的比较研究》,《公共管理学报》2004 年第 11 期。

〔12〕 陈家刚:《协商民主与政治协商》,《学习与探索》2007 年第 2 期。

〔13〕 陈奇星、胡德平:《政府公共服务方式的多元化选择:趋势与策略》,《上海行政学院学报》2011 年第 5 期。

〔14〕 陈天祥:《中国地方政府与制度创新》,《中山大学学报》(社会科学版)2000 年第 6 期。

〔15〕 陈祥荣:《构建地方政府创新机制的思考》,《云南行政学院学报》2004 年第 1 期。

〔16〕 陈雪莲、杨雪冬:《地方政府创新的驱动模式——地方政府干部视角的考察》,《公共管理学报》2009 年第 7 期。

〔17〕 陈振川:《构筑行政人责任伦理的若干思考》,《四川行政学院学报》2006 年第 2 期。

〔18〕 崔光胜:《政府的自利性与行政权力畸变分析》,《探求》2000 年第 4 期。

〔19〕 戴木才、曾敏:《西方行政伦理研究的兴起》,《中共中央党校学报》2003 年第 5 期。

〔20〕 党秀云:《论当代政府职业道德建设》,《中国行政管理》1996 年第 3 期。

〔21〕 方军:《制度伦理与制度创新》,《中国社会科学》1997 年第 3 期。

〔22〕 甘剑斌:《政绩合法性战略的选择及其困境》,《苏州大学学报》(哲学社会科学版)2007 年第 3 期。

〔23〕 高新军:《地方政府创新缘何难以持续——以重庆市开县麻柳乡为例》,《中国改革》2008 年第 5 期。

〔24〕 高兆明:《制度伦理与制度"善"》,《中国社会科学》2007 年第 6 期。

〔25〕 葛四友:《运气均等主义与个人责任》,《哲学研究》2006 年第 10 期。

〔26〕 韩福国等:《中国地方政府创新持续力研究》,《公共行政评论》2009 年第 2 期。

〔27〕 何建华:《"制度伦理与社会发展"研讨会综述》,《道德与文明》2000 年第 4 期。

［28］ 何增科:《地方政府创新,从政绩合法性走向政治合法性》,《中国改革》2007 年第 6 期。

［29］ 何增科:《农村治理转型与制度创新——河北省武安市"一制三化"经验的调查与思考》,《经济社会体制比较》2003 年第 6 期。

［30］ 何增科:《政治合法性与地方政府创新——项初步的经验型研究》,《云南行政学院学报》2007 年第 2 期。

［31］ 何增科:《中国政府创新的趋势分析——基于五届中国地方政府创新奖获奖项目的量化研究》,《北京行政学院学报》2011 年第 1 期。

［32］ 胡鸣铎、牟永福:《论公共管理之伦理要义》,《云南行政学院学报》2010 年第 6 期。

［33］ 胡宁生:《体制转轨过程中公共政策创新的主要影响因素》,《中国行政管理》2003 年第 5 期。

［34］ 黄建彬:《新经济与政府创新》,《特区理论与实践》2001 年第 2 期。

［35］ 黄健荣、杨占营:《新公共管理批判及公共管理的价值根源》,《中国行政管理》2004 年第 2 期。

［36］ 蒋云根:《以德行政与行政伦理法制建设》,《广东行政学院学报》2007 年第 4 期。

［37］ 金太军:《论政府公共管理责任的承担》,《行政论坛》2008 年第 1 期。

［38］ 金太军、沈承诚:《区域公共管理制度创新困境的内在机理探究》,《中国行政管理》2007 年第 3 期。

［39］ 金太军、袁建军:《地方政府创新博弈分析》,《江海学刊》2005 年第 5 期。

［40］ 金太军:《政府的自利性及其控制》,《江海学刊》2010 年第 4 期。

［41］ 景天魁:《适度公平就是底线公平》,《中国党政干部论坛》2007 年第 4 期。

［42］ 李金龙、肖雪峰:《我国公共政策公平性治理研究》,《当代世界与社会主义》2010 年第 2 期。

［43］ 李景鹏:《地方政府创新与政府体制改革》,《北京行政学院学

报》2007 年第 3 期。

［44］ 李靖:《关于行政伦理责任与行政伦理行为选择困境的几点认识》,《东北师范大学学报》(哲学社会科学版)2005 年第 3 期。

［45］ 李靖、文宏:《转型期我国行政官员责任伦理的强化》,《学术交流》2005 年第 9 期。

［46］ 李靖、钟哲:《从扩权到扩容:社会管理创新视角下信访制度改革的思路转向——以吉林安图为例》,《长白学刊》2013 年第 1 期。

［47］ 李军杰:《经济转型中的地方政府经济行为变异分析》,《中国工业经济》2005 年第 1 期。

［48］ 李立明、吴刚:《政府创新是全面提高行政效率的重要途径》,《政治学研究》2001 年第 1 期。

［49］ 李庆钧:《公共政策创新的动力系统分析》,《理论探讨》2007 年第 2 期。

［50］ 李思然:《行政发展视域中责任伦理的价值向度》,《中国行政管理》2011 年第 4 期。

［51］ 李莹、孔祥利:《政府改革与政府创新——从另一种角度看中国行政改革的逻辑进程》,《中国行政管理》2009 年第 1 期。

［52］ 林元泽:《责任伦理学的责任问题:科技时代的应用伦理学基础研究》,《台湾哲学研究》2005 年第 5 期。

［53］ 刘恩东:《利益群体与地方政府决策——社会转型期国家与社会关系的新视角》,《国家行政学院学报》2008 年第 1 期。

［54］ 刘景江:《地方政府创新:概念框架和两个维度》,《浙江大学学报》(人文社会科学版)2009 年第 1 期。

［55］ 刘时工:《自由意志与道德责任》,《道德与文明》2008 年第 2 期。

［56］ 刘兆鑫:《好政府不能"有求必应"——对政府回应性逻辑的质疑和超越》,《理论月刊》2012 年第 2 期。

［57］ 刘祖云、高振扬:《行政伦理学:新世纪"显学"之端倪》,《学习论坛》2007 年第 5 期。

［58］ 陆虎、吴艳:《"政务超市"新时期政府公共管理的新模式》,《党政干部论坛》2004 年第 4 期。

［59］　罗德刚：《完善行政伦理监督机制》，《探索》2004 年第 1 期。

［60］　吕明元：《产业政策、制度创新与具有国际竞争力的产业成长》，《经济社会体制比较》2007 年第 1 期。

［61］　麻宝斌、郭蕊：《从责权利关系视角解读政府执行力》，《学习论坛》2010 年第 11 期。

［62］　毛铖等：《地方政府创新的热点领域与制度化研究——对中国地方政府创新奖入围项目的分析》，《中共云南省委党校学报》2011 年第 3 期。

［63］　苗月霞：《建设服务型政府的重要探索：地方政府创新实践——以广东省江门市政府创新实践为例》，《学习与探索》2005 年第 5 期。

［64］　彭国普等：《政绩合法性与政府绩效评估创新》，《湘潭大学学报》（哲学社会科学版）2008 年第 1 期。

［65］　彭淑：《地方政府制度创新是"民主秀"？——两位政治学者的观点碰撞》，《南方人物周刊》2010 年第 41 期。

［66］　冉冉：《参与式透明治理：从第六届全球政府创新论坛透视全球政府创新的主要趋势》，《经济社会体制比较》2005 年第 6 期。

［67］　任中平、李睿：《论政治合法性与法律合法性的关系及其调适》，《政治与法律》2007 年第 6 期。

［68］　沈承诚：《地方政府伪创新的机理探究及反伪举措——基于新制度经济学视角的考量》，《理论探讨》2006 年第 2 期。

［69］　施绍祥、李乾贵：《论加入 WTO 与政府政策创新》，《中国行政管理》2002 年第 2 期。

［70］　石亚军、施正文：《我国行政管理体制改革中的"部门利益"问题》，《中国行政管理》2011 年第 5 期。

［71］　宋迎法、苗红娜：《国外政府创新的动因、内容和模式探析》，《南京社会科学》2006 年第 1 期。

［72］　孙天琦：《制度竞争制度均衡与制度的本土化创新》，《经济研究》2001 年第 6 期。

［73］　唐皇凤：《回归政治缓冲：当代中国信访制度功能变迁的理性审视》，《武汉大学学报》2008 年第 4 期。

［74］　佟德志：《电子政务与政府管理的综合创新》，《电子政务》2006

年第 8 期。

［75］ 童潇:《我国强势群体整体性特征及其演进趋势》,《江西社会科学》2012 年第 6 期。

［76］ 汪保国:《党的十六大至十七大期间中国地方政府创新现象研究》,《当代中国政治研究报告》,2008 年。

［77］ 王贵贤:《从政治的合法性到法律的合法性》,《国外理论动态》2008 年第 4 期。

［78］ 王桂云、李涛:《政府自利性与合法性危机》,《社会科学家》2010 年第 8 期。

［79］ 王国红:《地方政府创新的动力与条件》,《学术论坛》2010 年第 5 期。

［80］ 王兴华、霍克:《加强和创新社会管理体制改革》,《新长征》2011 年第 12 期。

［81］ 王玉明:《论政府的责任伦理》,《岭南学刊》2005 年第 3 期。

［82］ 王振海:《论政府的代理身份与代理行为》,《江苏行政学院学报》2003 年第 4 期。

［83］ 吴建南等:《中国地方政府创新的动因、特征与绩效——基于"中国地方政府创新奖"的多案例文本分析》,《管理世界》2007 年第 3 期。

［84］ 郗永勤、张其春:《知识型政府:一种新型的政府治理模式的构建》,《中国行政管理》2006 年第 10 期。

［85］ 夏玉珍:《转型期中国社会失范与控制》,《华中师范大学学报》(人文社会科学版)2002 年第 5 期。

［86］ 肖勇:《行政伦理学失范的克服途径:行政伦理制度化》,《广东行政学院学报》2003 年第 3 期。

［87］ 萧楼:《载体:通向制度抑或回归事件——"民主恳谈"个案与东南沿海的有限政治市场研究》,《开放时代》2003 年第 6 期。

［88］ 谢建芬、朱美宁:《地方政府制度创新的制度伦理论析》,《求索》2011 年第 2 期。

［89］ 谢军:《行政伦理及其建设平台》,《道德与文明》2002 年第 4 期。

［90］ 谢军、王艳:《责任冲突:含义、实质及意义》,《道德与文明》2007

年第 2 期。

　[91]　谢庆奎:《服务型政府建设的基本途径:政府创新》,《北京大学学报》(哲学社会科学版)2005 年第 1 期。

　[92]　谢治菊:《公共管理模式嬗变的伦理学分析》,《理论与改革》2011 年第 3 期。

　[93]　徐湘林:《行政审批制度改革的体制制约与制度创新》,《国家行政学院学报》2002 年第 6 期。

　[94]　燕继荣:《政府创新与政府改革——关于中国政治发展目标与路径的思考》,《中国行政管理》2006 年第 11 期。

　[95]　杨帆、卢周来:《中国的"特殊利益集团"如何影响地方政府决策——以房地产利益集团为例》,《管理世界》2010 年第 6 期。

　[96]　杨清荣:《从制度与伦理的互动看当前中国的制度创新》,《道德与文明》2010 年第 1 期。

　[97]　杨嵘均:《构建服务型政府的制度供求因素、创新困境及趋势》,《南京社会科学》2011 年第 5 期。

　[98]　杨雪冬:《过去 10 年的中国地方政府改革》,《公共管理学报》2011 年第 1 期。

　[99]　杨雪冬:《简论中国地方政府创新研究的十个问题》,《公共管理学报》2011 年第 1 期。

　[100]　杨雪冬:《中国地方政府创新:特点和问题》,《甘肃行政学院学报》2007 年第 4 期。

　[101]　杨振海:《转型时期我国公务员行政伦理失范的原因及其治理——由温州市公务员行政伦理观调查引发的思考》,《中国行政管理》2008 年第 3 期。

　[102]　于建嵘:《当前中国基层政治改革的困境和出路》,《当代世界社会主义问题》2010 年第 2 期。

　[103]　于宁:《政府职能重塑与政府自利性的约束机制》,《中国行政管理》2008 年第 1 期。

　[104]　于幼军:《深圳市政府体制创新的实践与思考》,《国家行政学院学报》2001 年第 5 期。

［105］　俞可平：《论政府创新的若干基本问题》，《文史哲》2005 年第 4 期。

［106］　俞可平：《论政府创新的主要趋势》，《学习与探索》2005 年第 4 期。

［107］　俞可平：《全球治理引论》，《马克思主义与现实》2002 年第 1 期。

［108］　俞可平：《政府改革创新：来自 1500 多个案例的十大启示》，《半月谈》2012 年第 5 期。

［109］　俞可平：《中国地方政府创新与改革》，《经济社会体制比较》2003 年第 4 期。

［110］　俞可平：《中美两国"政府创新"之比较——基于中国与美国"政府创新奖"的分析》，《学术月刊》2012 年第 3 期。

［111］　张成福：《责任政府论》，《中国人民大学学报》2000 年第 2 期。

［112］　张光雄：《政府创新的动力分析》，《行政与法》2004 年第 8 期。

［113］　张海波等：《社会管理创新与信访制度改革》，《天津社会科学》2012 年第 3 期。

［114］　张红军：《政府改革与政府创新——关于政府创新的内涵、动力及路径分析》，《中共山西省委党校学报》2007 年第 12 期。

［115］　张紧跟：《纵向政府间关系调整：地方政府机构改革的新视野》，《中山大学学报》2006 年第 2 期。

［116］　张娟：《公共领域、商谈民主与政治合法性》，《湖北行政学院学报》2011 年第 4 期。

［117］　张康之：《道德整合：社会公平与社会秩序获得的根本出路》，《学习与探索》2002 年第 1 期。

［118］　张康之：《公共管理中的伦理关系》，《中国人民大学学报》2003 年第 2 期。

［119］　张康之：《公共行政拒绝权利》，《江海学刊》2001 年第 4 期。

［120］　张康之：《行政审批制度改革：政府从管制走向服务》，《理论与改革》2003 年第 6 期。

［121］　张康之：《论"公共性"及其在公共行政中的实现》，《东南学术》

2005 年第 1 期。

［122］ 张康之:《论公共管理伦理关系的特性》,《江海学刊》2001 年第 1 期。

［123］ 张康之:《论公共管理中的伦理关系》,《中国人民大学学报》2003 年第 2 期。

［124］ 张康之:《在公共行政的演进中看行政伦理研究的实践意义》,《湘潭大学学报》(哲学社会科学版)2005 年第 9 期。

［125］ 张玉:《地方政府创新的基本动因及角色定位》,《云南社会科学》2004 年第 3 期。

［126］ 张增田、骆小琴:《我国行政伦理研究文献统计分析》,《中国行政管理》2008 年第 9 期。

［127］ 赵清文:《论公共危机管理中的政府责任伦理》,《齐鲁学刊》2011 年第 1 期。

［128］ 赵人伟:《对我国收入分配改革的若干思考》,《经济学动态》2002 年第 9 期。

［129］ 赵中源:《弱势心理蔓延:社会管理创新需要面对的新课题》,《马克思主义与现实》2011 年第 5 期。

［130］ 郑杭生、李迎生:《全面建设小康社会与弱势群体的社会救助》,《中国人民大学学报》2003 年第 1 期。

［131］ 钟哲:《行政伦理视域下公共管理中国化问题研究》,《华中师范大学学报》(人文社会科学版)2013 年第 S2 期。

［132］ 周光辉:《从管制转向服务:中国政府的管理革命——中国行政管理改革 30 年》,《吉林大学学报》(哲学社会科学版)2008 年第 3 期。

［133］ 周霖:《区域先发效应与地方政府创新行为的制度分析》,《经济社会体制比较》2004 年第 3 期。

［134］ 周庆国:《行政公平的基本含义和内在意蕴》,《中国行政管理》2010 年第 2 期。

［135］ 祝灵君、聂进:《公共性与自利性:一种政府分析的再思考》,《社会科学研究》2002 年第 2 期。

学位论文

［1］ 李春成:《行政人的德性与实践》,复旦大学研究生学位论文,2002 年。

［2］ 黄晶梅:《中国政府公务员行政伦理失范治理问题研究》,吉林大学研究生学位论文,2012 年。

［3］ 徐承彦:《论转型期地方政府公共管理行为——从企业家型政府角度的分析考察》,厦门大学研究生学位论文,2003 年。

［4］ 李沫:《公共伦理视角下我国服务型政府的解析及构建》,吉林大学研究生学位论文,2007 年。

［5］ 汤正华:《中西管理伦理比较研究》,南京理工大学研究生学位论文,2005 年。

［6］ 徐霞:《公共服务的伦理维度》,西北师范大学研究生学位论文,2010 年。

［7］ 鞠连和:《论新公共管理及其对中国的适用性》,吉林大学研究生学位论文,2008 年。

［8］ 方秋明:《汉斯·约纳斯责任伦理学研究》,复旦大学研究生学位论文,2004 年。

［9］ 李严昌:《当代中国政府回应过程研究》,中国政法大学研究生学位论文,2009 年。

［10］ 张晓明:《完善我国行政伦理监督机制研究》,中国海洋大学研究生学位论文,2012 年。

［11］ 伍洪杏:《行政问责的伦理审视》,中南大学研究生学位论文,2010 年。

［12］ 张顺:《论新世纪中国政府创新的管理文明取向》,吉林大学研究生学位论文,2007 年。

网络文献

［1］ Gliberto Garcia Emergence and Sustainability of the Innovation Process of Mexivo's Local Governments. http://www. innovations. harvard. edu/showdoc. htm? id = 7933.

［2］《大国之道》（2012 – 10 – 17）凤凰网专题 http://news. ifeng. com/opinion/topic/zunyan/。

［3］ 贾建友:《歧化与变通——基层视角的县市政府创新》（2012 – 10 – 9）. http://www. clgs. cn/Article_Print. asp? ArticleID = 1283。

［4］《马建堂就 2012 年国民经济运行情况答记者问》(2013 – 1 – 29) 中华人民共和国国家统计局网站, http://www. stats. gov. cn/was40/gjtjj_detail. jsp? channelid = 3790&record = 5。

［5］ 温家宝:《在全国新型农村社会养老保险试点工作会议上的讲话》(2012 – 11 – 1),新华网, http://news. xinhuanet. com/politics/2009 – 08/19/content_11912855. html.

［6］ 杨思远:《"公平正义"是社会主义核心价值体系的根本价值诉求》(2013 – 02 – 27)中国社会科学网, http://www. cssn. cn/news/466052. html.

［7］ 俞可平:《好的地方改革应上升为国家制度》（2013 – 1 – 17）http://news. ifeng. com/special/2020/a/201005/0503_9039_1618413. shtml。

［8］《整合监督资源 形成监督合力》(2012 – 11 – 7),新华网,http://forum. home. news. cn/thread/96597118/1. html.

报纸中析出的文献

［1］ 陈雪莲:《全球政府创新的发展趋势》,《学习时报》2009 年 6 月 22 日。

［2］ 何颖：《制度伦理：价值与局限》，《中国社会科学报》2010 年 1 月 21 日。

［3］ 赫洪：《依法行政才不会"人走政息"》，《人民日报》2013 年 2 月 19 日。

［4］ 姜卫平：《建立符合转型社会需要的利益整合机制》，《学习时报》2012 年 11 月 13 日。

［5］ 李先波：《民主法治：和谐社会的重要特征》，《光明日报》2005 年 11 月 30 日。

［6］ 《社会底层人群向上流动面临困难》，《人民日报》2010 年 9 月 16 日。

［7］ 俞可平：《论维护和实现公平正义》，《北京日报》2007 年 5 月 28 日。

［8］ 俞可平：《喜欢作秀已经成部分地方官员顽疾》，《南方都市报》2008 年 3 月 27 日。

［9］ 周燕军：《制度伦理与制度创新》，《中国社会科学报》2001 年 2 月 22 日。

外文著作

［1］ Alan A. Altshuler, Marc D. Zegans. "Innovation and public management：Notes from the state house and city hall". In *Alan A. Altshuler, Robert D. Behneds. Innovation in American Government：Challenges, opportunities, and dilemm as. Washington, D. C.* ：Brookings Institution Press. 1997.

［2］ Alan Altshuler and Robert Behn，"The Dilemmas of Innovation in American Government,"in Alan A. ALTshuler and Robert D. Behn（ed）：*Innovation in Amercan Government：Ghallenges,Opportunities,and Dilemmas.* Brookings,1997.

［3］ Carl Friedrich, *Man and His Government：An Empirical Theory of Politics*,NY：McCraw-hill,Book Company Inc. ,1963.

［4］ Chris Barker, *Culture Studies：Theory and Practice*, London：Sage

Publication, 2000.

[5]   Dwight Waldo. *The Administrative State*. New York Ronand, 1984.

[6]   Elcanor D. Glor "Key Factors Influencing Innovation in Gorernment", *The Innovation Joumal: The Public Sector Innovation Journal*, 2001, Volume 6 (3).

[7]   Emile Durkheim. *On Morality and Society*. The University of Chicago Press, 1973.

[8]   Frederickson, H. G. , Introduction, In: Frederickson, H. G. andJ. M. Johnston eds. , 1999. *Public Management Reform and Innovation: Research, Theory and Application*", Tuscaloosa: University of Alabama Press, 1999.

[9]   George W. Downs, Lawrence B. Mohr, "Conceptual Issues in Innovation," *Administrative Science Quarterly*, 21 (4).

[10]   Guido Bertucci, Director. "Innovation in Government around the world: Challenges and Perspectives". Fifth Global Forum on Reinventing Government. Nov. 2003.

[11]   James Derleth&Daniel R . koldyk: "The Shequ Experiment: Grassroots Political Reform in Urban China", *Journal of Contemporary China*, Vol. 13, No. 41, 2004.

[12]   Janet Newman John Raine and Chris Skeicher *Transform Local Government: Innovation and Modernization* Public Money & Management 2001, April—June.

[13]   Jeremy F. Plant, "Codes of Ethics", in Terry L. Copper, ed. , *Handbook of Administrative Ethics*, New York, Marcel Dekker, Inc, 2001.

[14]   Jim Armstrong and Robin Fobin Ford. "Public Sector Innovations and Public Interest Issues". *The Public Sector Innovation Journal*, 2000, December 17.

[15]   Joseph Schumpeter, *Business Cycles*, NY: McGraw-Hill, 1939.

[16]   Levitan , D. "The neutrality of the public service", *Public Administration Review*, 1942, 2.

[17]   Owen E. Hughes, *Public Management and Administration*, New

York：St. Martin Press，inc. ，1998.

［18］ P. F. Druker，*Innovation and Enterpreneuship：Practice and Principles.* NY：Harper & Row，Publishers. 1985.

［19］ Richard M. Walker. *Innovation Type and Diffusion：An Empirical Analysis of Local Government.* Public Administration，2006.

［20］ Robert Arthur Vaul，Jr. *Virginia Local Government Services through the Internet ：A Diffusion of Innovation.* Virginia Commonwealth University，2003.

［21］ Robert Nozick，*Anarchy，State，And Utopia*，New York：Basic Books，1974.

［22］ Rogers E. *Diffusion of Innovation.* New York：The Free Press. 1995.

［23］ Terry L. Copper. *An Ethic of Citizenship for Public Administration.* Englewood Cliffs，NJ：Prentice-Hill. 1991.

［24］ United Kingdom Innovation in the Public Sector Prime，Minister's Strategy Unit Cabinet Office Discussion Paper 2003.

［25］ Valadez J M. *Deliberative Democracy，Political Legitinacy and Self-democracy in Multicultural Societies.* USA：Westview Press，2001.

［26］ Walker. Jack L. "The Diffusion Of Innovations among American"，*the Political Science Review*，1969.

［27］ Wayne A . Leys，"Ethics and Administrative Discretion"，*Public Administration Review*，1943 (3).

［28］ Wejnert B. "Integrating Models of Diffusion of Innovations：A Conceptual Framework ［J］. *Annu. Rev.* Sociol，2002(28).

［29］ Woodrow Wilson：The Study of Administration，in *Selected Classic Readings of Public Administration*，edited by Du Qaunwei，Fudan University Press，2001.

［30］ Gliberto Garcia Emergence and Sustainability of the Innovation Process of Mexivo's Local Governments. http：//www. innovations. harvard. edu/showdoc. htm？ id = 7933.

策划编辑:崔继新

责任编辑:谭 牧 曹 歌

图书在版编目(CIP)数据

行政伦理视域下地方政府创新研究/钟哲 著. -北京:人民出版社,2015.11
ISBN 978-7-01-015358-2

Ⅰ.①行… Ⅱ.①钟… Ⅲ.①地方政府-行政管理-研究-中国
Ⅳ.①B625

中国版本图书馆 CIP 数据核字(2015)第 239751 号

行政伦理视域下地方政府创新研究
XINGZHENG LUNLI SHIYUXIA DIFANG ZHENGFU CHUANGXIN YANJIU

钟 哲 著

人民出版社 出版发行
(100706 北京市东城区隆福寺街 99 号)

环球印刷(北京)有限公司印刷 新华书店经销

2015 年 11 月第 1 版 2015 年 11 月北京第 1 次印刷
开本:710 毫米×1000 毫米 1/16 印张:12.75
字数:192 千字

ISBN 978-7-01-015358-2 定价:20.00 元

邮购地址 100706 北京市东城区隆福寺街 99 号
人民东方图书销售中心 电话 (010)65250042 65289539